초기경전으로
읽는
반야심경

초기경전으로 읽는
반야심경

백암 지음

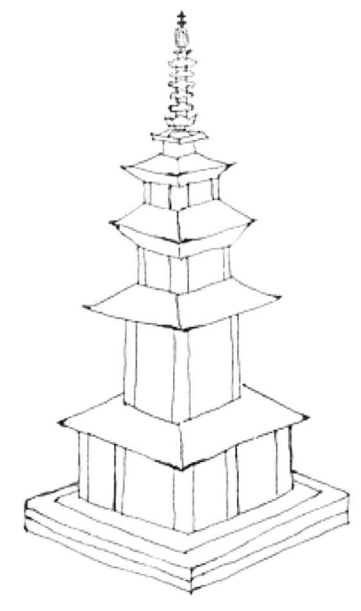

하얀출판

초기경전으로 읽는 반야심경

1판 1쇄 발행 2021년 3월 17일

지은이: 백암 스님
디자인: 백암 스님
펴낸이: 하얀출판
연락처: FAX: 0504-193-9089
이메일: hayan_info@naver.com
홈페이지: https://blog.naver.com/hayan_info

펴낸 곳: ㈜북랩   성공출판의 파트너
         (전화) 02-2026-5777, (FAX) 02-2026-5747
         홈페이지: www.book.co.kr

ISBN: 979-11-957447-1-8   (03220)

ⓒ 2021년 하얀출판
이 책은 저작권법에 따라 보호를 받는 저작물이므로 저자의 허락 없이,
본서의 부분 또는 전체에 대한 무단 복제 및 배포를 금합니다.

*잘못된 책은 구입한 곳에서 바꾸어 드립니다.

<저자 소개>
백암(白岩) 스님은 2003년 전라남도 장성 백양사(白羊寺)로 출가하여, 백양사 강원을 마치고, 선원에서 정진하는 스님이시다. 백암은 법호이다.

저자 서문

"스님, 《반야심경》에서 말하는 공(空)이란 무슨 뜻입니까?"

기독교를 믿는 분으로부터 뜻밖의 질문을 받았습니다.

한국인이라면 '반야심경'이나 '색즉시공'이라는 말을 한 번쯤은 들어본 적이 있을 것입니다. 저자가 처음 이 말은 들은 것은 고등학교 국어 시간이었습니다. 당시에는 임권택 감독의 '아제아제 바라아제'라는 영화가 대중들의 관심을 끌고 있었습니다. 그리고 시대가 변해서 '색즉시공'이라는 코믹 영화까지 만들어졌고, 그 덕에 여하튼 '색즉시공'이라는 단어는 대중들에게 더 많이 알려지게 되었습니다. 그런데 '반야심경'이나 '색즉시공'이나 '아제아제 바라아제'라는 말을 들어본 사람들 가운데, 《반야심경》을 직접 읽어본 사람은 과연 몇 명이나 될까요?

이 책은 이러한 말을 전혀 들어본 적이 없는 분들은 물론, 이미 알고 계신 분들에게도 과연 반야심경은 어떤 책인가에 대한 궁금증을 풀어 줄 것입니다. 특히, 반야심경의 내용과 관련된 부처님의 말씀을 초기경전에서 뽑아 추가했습니다. 여기에서 독자 여러분들은 좀 더 명확하게 반야심경의 뜻을 이해하실 수 있을 것입니다.

처음 제1장부터 제2장까지는 질문을 하신 분과 함께 나누었던 대화 내용을 실었습니다. 모두 3가지의 질문을 하셨는데, (1) '한국불교는 복을 비는 기복불교가 아닌가?', (2) '윤회는 있는가?', (3) '반야심경에서 공(空)의 의미는 무엇인가?'라는 질문입니다.

제3장은 반야심경 전체에 대한 해설입니다. 이 장에서는 각 구절마다 해설을 하고, 바로 뒤에, '초기경전 산책'을 실었습니다. 여기에서 부처님의 말씀을 확인하실 수 있습니다.

제4장부터는 '부록'입니다. 현대 물리학과 불교의 공통점을 살펴보고, 반야심경에서 언급하지 않은 불교의 중요한 수행 방법들을 실었습니다.

반야심경은 세상을 어떤 관점에서 바라볼 것인가에 대한 내용을 제시합니다. 그런 면에서 종교를 떠나 철학적이라고도 할 수 있습니다. 요즘 말로 하자면, 반야심경은 가장 오래된 '자기 계발서' 가운데 하나라고 할 수 있습니다. 왜냐하면, '지혜의 완성'을 위한 말씀이기 때문입니다. 반야심경은 자신과 주변을 살펴보고, 세밀하게 관찰하고, 그리고 통찰함으로써, 나와 남에게 모두 이로운 방법을 스스로 찾도록 하는 지혜를 줄 것입니다.

땅에 살던 애벌레가 자신을 고치에 가두었다가
그 고치를 뚫고 허공을 나는 나비가 되듯이,
자신을 휘감았던 온갖 관념과 굴레에서 벗어나
어디에도 걸림 없이 머무르는 바 없기를.

2021. 03. 07
-백암 합장-

목차

저자 서문	5
목차	7
일러두기	13
기본 용어	14
제1장 어느 가을 아침의 인연	17
뜻밖의 부탁	19
절을 할 줄 모르는 분	20
템플스테이에 온 진짜 이유	22
첫 번째 질문: 한국불교는 기복불교 아닌가?	23
호박돌과 기름의 비유	24
두 번째 질문: 윤회는 존재하는가?	26
현재의 태어남과 죽음	28
아이와 노인의 비유	28
제2장 반야심경 1부	31
세 번째 질문: 《반야심경》에서 말하는 공(空)의 뜻은?	33
오온에 대한 간략한 설명	33
오온에 대한 분석	35
실체가 없기 때문에, 오온은 공(空)하다.	39
삼법인(三法印)	40
마지막 차 한 잔	40
왜 공성(空性)을 보는 것이 중요한가?	41
붉게 타오르는 쇠구슬의 비유	42
불교는 허무주의가 아니다.	42

제3장　반야심경 2부　　　　　　　　　　　　　　　　　45
　3.0 반야심경의 배경과 구성　　　　　　　　　　　　47
　　3.0.1 경이 설해진 배경　　　　　　　　　　　　　47
　　3.0.2 대승불교의 육바라밀　　　　　　　　　　　48
　　3.0.3 경전의 전체 구성　　　　　　　　　　　　　51
　　마하반야바라밀다심경　- 조계종 한글본 -　　　　52
　　(마하)반야바라밀다심경 (摩訶)般若波羅蜜多心經 -현장 스님 역-　53
　3.1 반야심경의 제목 및 첫 문장　　　　　　　　　　55
　　3.1.1 경전의 제목　　　　　　　　　　　　　　　55
　　3.1.2 첫 문장에서 모든 설명은 끝났다　　　　　　58
　　3.1.3 오온이 공한 것을 보면, 왜 괴로움에서 벗어날 수 있는가?
　　　　　　　　　　　　　　　　　　　　　　　　　59
　　3.1.4 초기경전 산책 1　　　　　　　　　　　　　61
　　《무더기 경 / 온경(蘊經)》　　　　　　　　　　　61
　　《오취온에 대한 범주(範疇, 분류) 경》　　　　　　63
　　《무아의 특징 경》　　　　　　　　　　　　　　68
　3.2 다섯 가지 집합체인 오온은 실체가 없다. 오온의 공성: 색불이공
　　공불이색…수상행식 역부여시　　　　　　　　　　72
　　3.2.1 물질[色]이 곧 공한 것이요, 공한 것이 곧 물질[色]이다.　72
　　3.2.2 왜 '공'이라고 하지 않고, '공하다'라고 해석했나? (공은
　　'없다'가 아니며, 공도 실재하는 것이 아니다.)　　74
　　3.2.3 느낌, 인식, 마음요소들, 의식도 또한 공하다.　75
　　3.2.3 오온 사이의 상호관계　　　　　　　　　　75
　　3.2.4 의식은 자아가 아니다　　　　　　　　　　77
　　3.2.5 초기경전 산책 2　　　　　　　　　　　　78
　　《거품덩어리 비유 경》　　　　　　　　　　　　78
　　《갈애 멸진의 긴 경》　　　　　　　　　　　　　83
　3.3 모든 법은 공하여, 나지도 멸하지도 않는다　　　87

3.3.1 모든 현상세계는 공한 모습일 뿐, 생겨나는 것도 아니고
　　멸하는 것도 아니며, … .　　　　　　　　　　　　　　87
　　3.3.2 현상세계를 바라보는 관점을 향상시켜 보자.　　89
　　3.3.3 초기경전 산책 3　　　　　　　　　　　　　　93
　　《열반과 관련된 경 1》 🌿　　　　　　　　　　　　93
　　《끼사고따미》 🌿　　　　　　　　　　　　　　　　94
　　《산은 산이요, 물은 물이로다》 🌿　　　　　　　　　98
3.4 공한 것에는 오온도 없고, 눈, 귀, 코 … 마음의 경계까지도 없다. 103
　　3.4.1 그러므로 공한 것에는 오온이 없다.　　　　　103
　　3.4.2 공한 것에는 육근과 육경과 18계도 없다.　　104
　　3.4.3 육근, 육경, 육식, 12처, 18계　　　　　　　　105
　　3.4.4 사람의 수준에 따라 다르게 가르치신 부처님　106
　　3.4.5 무의식적인 집착　　　　　　　　　　　　　107
　　3.4.6 초기경전 산책 4　　　　　　　　　　　　　112
　　《라훌라에게 설하신 짧은 경》 🌿　　　　　　　　112
　　《삼매 경》 🌿　　　　　　　　　　　　　　　　118
3.5 무명도 없고 무명이 다함도 없으며, … 늙고 죽음도 늙고 죽음이
다함도 없다.　　　　　　　　　　　　　　　　　　　121
　　3.5.1 미시적 관점과 거시적 관점.　　　　　　　　121
　　3.5.2 연기법의 정형구　　　　　　　　　　　　　121
　　3.5.3 십이연기법　　　　　　　　　　　　　　　122
　　3.5.4 십이연기법 역시 공하다.　　　　　　　　　124
　　3.5.5 초기경전 산책 5　　　　　　　　　　　　　126
　　《분석 경》 🌿　　　　　　　　　　　　　　　　126
　　《인연 경》 🌿　　　　　　　　　　　　　　　　131
3.6 네 가지 성스러운 진리도 없고, 지혜도 없고, 얻었다라는 마음도
없느니라.　　　　　　　　　　　　　　　　　　　　135
　　3.6.1 네 가지 성스러운 진리(사성제四聖諦)　　　135

3.6.2 사성제도 없고, 사정제에 대한 통찰의 지혜도, 그러한
지혜를 얻었다라는 마음도 없다. 137
3.6.3 초기경전 산책 6 139
《초전법륜(법의 수레바퀴를 굴림) 경》 139
《뱀의 비유 경》 143
《암송 경》 145
**3.7 얻을 것이 없기 때문에, 보살 수행자는 지혜의 완성(반야바라밀다)을
의지해서, 궁극의 경지인 열반에 이른다.** 147
3.7.1 얻을 것이 없기 때문에 … 지혜의 완성을 의지해서, …
궁극의 경지인 열반에 이른다. 147
3.7.2 성자의 4단계와 10가지 장애 148
3.7.3 초기경전 산책 7 150
《전도(顛倒, 거꾸로 됨) 경》 150
**3.8 과거 현재 미래의 부처님들도 지혜의 완성(반야바라밀다)을 의지해서,
위없는 바른 깨달음을 얻는다.** 153
3.8.1 모든 부처님들도 지혜의 완성을 통해, 위없는 바른 완전한
깨달음을 얻는다. 153
3.8.2 초기경전 산책 8 154
3.9 '지혜의 완성'(반야바라밀다) 자체가 진언이다. 156
3.9.1 주문(呪文): 진언(眞言), 만뜨라, 만다라. 156
3.9.2 '지혜의 완성'(반야바라밀다) 수행법 자체가 진리의
말씀이다. 157
3.9.3 '지혜의 완성'(반야바라밀다) 수행은 모든 고통을 없애 준다.
158
3.10 지혜의 완성(반야바라밀다)에 대한 진언 161
3.10.1 아제아제 바라아제 바라승아제 모지 사바하 161
3.10.2 마지막 진언(眞言)을 마치며 163

〈부록〉 165

제4장 동양사상과 현대 물리학 167
4.1 불교의 유럽전파 169
4.2 서양 과학자들이 본 불교 170
4.3 양자역학 예: 불확정성의 원리, 쌍생성과 쌍소멸, 양자 얽힘 170
4.4 양자역학과 주역 176
4.5 태극기에 대한 고찰 179
4.6 현대 물리학에 대한 불교의 입장 186
《말룽꺄 짧은 경》 188
《씨사빠(심사빠) 숲 경》 193

제5장 팔정도(八正道) 195
5.1 팔정도 197
5.2 계-정-혜 삼학(三學) 201
5.3 팔정도에서 공(空)은 어디에 해당하나? 202
부처님의 가르침 요약도 204

제6장 바른 삼매(정정) 205
6.1 삼매(三昧): 독서삼매도 삼매다. 208
6.2 삼매의 대상 209
6.3 선(禪)의 정의 210
6.4 다섯 가지 장애 (오개五蓋) 211
6.5 경전에서 설명하는 삼매 212
(가) 삼매에는 어떤 것이 있는가? 214
《차례로 머묾 경》 214
(나) 초선에 들기 위한 조건은? 216
《선(禪) 경 1》 216
(다) 각각의 선(禪)의 경지에서 번뇌를 멸진시키는 방법은? 217
《선(禪) 경》 217

제7장	바른 마음챙김(정념)	225
	7.1 유념하라 (환자의 비유)	227
	7.2 마음챙김이란?	228
	7.3 왜 마음챙김하는가?	228
	7.4 부처님이 발견한 것은?	229
	7.5 위빳사나(vipassanā)	230
	7.6 사마타(samatha)	231
	7.7 선정[定]과 지혜[慧]를 같이 닦는다.	231
	7.8 마음챙김에 관한 경들	232
	7.9 불방일(不放逸)하라	233
	《모든 마음챙김의 확립에 대한 경》(대념처경(大念處經): 사념처경/ 사념주 경)	234

저자 후기 253

참고 문헌 261
색인 265

일러두기

1. 반야심경을 쉽게 외우는 방법은 반야심경의 합송을 따라 하는 것이다.

   (홈페이지 https://blog.naver.com/hayan_info 를 참고하라.)

2. 초기경전들의 기록문자인 빠알리(Pāli)어와 산스크리트(Skt.)어의 로마자는 *이탤릭체*로 표시한다.

3. 번역에 인용한 빠알리 원문은 《미얀마 6차 결집본》이다.

   -경문에서 저자의 특별한 설명은 '*'로 시작한다. (예: *6차 결집본)

   -경의 번호는 PTS(빠알리 성전협회, 런던)의 번호를 따랐다.

4. 빠알리어 번역 시, 일부 용어는 '초기불전 연구원'(각묵 스님, 대림 스님)의 니까야 번역서에서 사용한 단어들과 가능한 통일시켰다.

   ('무더기', '인식', '마음챙김', '일어난 생각', '지속적 고찰')

5. 본문 설명의 끝은 ■으로, 인용한 경문의 끝은 ###으로 표기한다.

6. 한문으로 번역된 불교 용어의 경우, 읽을 때는 발음이 다를 수 있다.

   예) 바라문(婆羅門), 아제아제(揭諦揭諦)

7. 빠알리어 경장 이름 표시는 영문 약자로 쓴다.

   (1) 디가 니까야(DN): 매우 긴 경전 모음.

   (2) 맛지마 니까야(MN): 중간 길이 경전 모음.

   (3) 쌍윳따 니까야(SN): 주제별 경전 모음.

   (4) 앙굿따라 니까야(AN): 숫자별 경전 모음.

   (5) 쿳다까 니까야(KN): 짧고 다양한 경전 모음.

기본 용어

- 가사: 스님들이 오른쪽 어깨를 드러내어 입는 황적색의 사각형 옷.
- 공양: 음식, 의복, 거처, 약 등을 스님들께 공급하는 행위 또는 물건.
- 마라: (1) 수행자를 유혹하거나 위협하여 깨달음을 방해하는 자,
    (2) 죽음과 파괴를 가져오는 신.
- 바라문: 인도의 카스트 제도 중 최상 계급인 종교인; 제사장.
- 발우: 수행자의 밥그릇.
- 범천: 인도 종교와 철학에서 최고의 신 또는 원리.
- 부처님의 호칭(붓다, 여래, 세존)
    경전에서 그 용어가 구분되어 사용되고 있다.
    (1) 부처님/붓다(佛, Buddha, 깨달은 사람): 일반 서술문에서 사용.
    (2) 여래(如來, Tathāgata, 진리에 도달한 분)
       : 부처님이 본인 자신을 언급할 때 또는 일반 서술문에서 사용.
    (3) 세존(世尊, Bhagavant, the Blessed One, 존귀하신 분)
       : 부처님 이외의 사람들이 부처님을 언급할 때 사용한다.
- 비구: 출가하여 불교 교단에서 계를 받은 남자 스님.
- 비구니: 출가하여 불교 교단에서 계를 받은 여자 스님.
- 사문: 출가하여, 해탈을 갈구하는 일반적인 수행자를 총칭한다.
- 장자(長者): 인도에서 좋은 가문의 덕이 높은 사람. 또는 단순히 한 집안의 가장을 일컫는다.
- 천명(闡明): 진리나 사실, 입장 등을 드러내어 밝히다.
- 탁발: 출가수행자가 발우를 들고 음식을 구하는 것.
- 해탈: 고통의 세계로부터 해방된 평안한 상태.

불국사 석가탑

제 1장

어느 가을 아침의 인연

제 1 장
어느 가을 아침의 인연

뜻밖의 부탁

　경북 문경 대승사. 올해(2019년)에도 어김없이 3개월 동안의 여름 하안거 정진을 마치고, 잠시 대승사에 머물기로 했다. 산사에 살다 보면 자연스레 알게 되는 일이지만, 새들은 정말이지 어둠이 걷히기 전부터 울기 시작한다. 간혹 새벽 4시부터 지저귀는 새들도 있다. 어슴푸레하게 날이 밝기 시작하면, 새들은 앞다투어 만물을 깨우기 시작한다. 5시 50분. 아침 공양(식사)을 하러 방을 나선다. 새 소리와 개울물 소리의 리듬에 발걸음을 맞추자 가을바람도 덩달아 귓가를 부드럽게 스쳐 지나간다.

　아침 공양을 끝마치고 자리에서 일어나려는데, 템플스테이(사찰 체험) 담당자께서 부탁을 하신다.
　"스님, 주지 스님께서 소방교육 때문에 밖에 나가셨는데, 템플스테이에 오신 분과 차 한잔하실 수 있으신가요?"
　"예, 그렇게 하죠. 몇 시쯤에 뵐까요?"
　"주지 스님 찻실에서, 7시 괜찮겠습니까?"

　문화재가 있는 사찰에는 소방 안전 교육을 받은 사람이 적어도 한 명은 있어야 한다. 대승사에는 대웅전의 불상 뒤쪽에 '나무로 조각된' 멋진 탱화가 있다. 그리고 수행하는 스님들의 선방에도 관세음보살 좌상이 있다. 주지 스님이 바뀌면서, 이 소방교육을 누군가는 받아야 하는 상황이 생긴 것이다.

절을 할 줄 모르는 분

주지 스님 찻실에 먼저 도착한 나는 물을 데우면서, 무슨 차를 마실까 살펴보았다. 녹차? 커피? 보이차? 그래도 산사에 오셨는데 커피는 좀 그러네. 차 마시는 테이블인 다판(茶板) 아래에 홍차가 보인다. 오늘은 홍차가 좋겠다.

템플스테이 담당자와 함께 30대 중후반쯤 보이는 남자분이 들어왔다. 그리고는 앉아 있는 내게 인사를 올리려고 삼배를 했다. 절에서는 신도가 스님들에게 인사할 때 세 번의 절을 올린다. 첫 번째 절은 석가모니 부처님을 스승으로 하기 때문이고, 두 번째 절은 부처님의 가르침에 대한 고마움 때문이고, 세 번째 절은 부처님의 가르침을 배우고 그 전통을 유지하는 출가한 스님들 전체를 위한 것이다. 그래서 삼배는 앞에 있는 특정한 한 스님만을 위해서 하는 것이 아니다.

이 남자분은 템플스테이 담당자가 절하는 모습을 보고 서투르게 절을 따라 하고 있었다.

"아, 불교 신자가 아니시군요. 그러면, 삼배는 생략하고 간단히 인사만 하셔도 되는데요."

"이분께서 예를 갖추고 싶다고 하셔서요."

"아, 예. 고맙습니다."

출가 전 어렸을 때 기억에, 작은 집은 천주교로 개종을 했었는데, 개종 이후로, 설날이나 추석 때 차례상 앞에서 절을 하지 않고 멀뚱멀뚱 서 있는 모습이 내게는 좀 충격이었다. 사상이나 관념 때문에, 사람의 행동이 180도 뒤바뀔 수 있다는 것에 대한 충격이랄까?

로마에 가면 로마법을 따르라고 하지 않던가? 어쨌든 이 남자분이 절에 와서, 절의 예의범절을 따라주겠다는 것이 고마웠다. 템플스테이 프로그램 가운데, '휴식형' 템플스테이가 있다. 절에 와서 그냥 몸과 마음을 쉬는 프로그램이다. 새벽에 법당에 가지 않아도 되고, 그냥 편히 쉬면 된다. 종교에 상관없이 맑고 깨끗한 산사에서 정말 몸과 마음을 쉬고 싶을 때, 이 프로그램을 이용하는 사람들이 많다. 어느 누구도 사찰의 예절과 문화를 강요하거나 가르치지 않는다. 그냥 쉬고 싶은 분들을 위한 프로그램이다. 산사에는 등산코스가 많으니, 간단한 산책을 해도 되고, 절이 답답하면 근처에 있는 그 지역의 관광명소나 맛집에 다녀와도 좋다.

가끔씩 휴식형 템플스테이를 하시는 분들 가운데 스님과의 대화를 요청하시는 분들도 있다. 그런 분들 가운데 종교가 불교가 아닌 분들일 경우, 억지로 삼배를 강요할 필요는 없다고 본다. 서로 존중하는 마음으로 간단하게 인사만 해도 그것으로 충분할 것이다. 그리고 오늘 삼배를 올린 이분처럼 그 상황에 맞게 자신의 고정관념을 깨뜨려 보는 것도 좋은 경험이 되리라.

"여기, 앉으시지요. 불교신자가 아니시군요?"
"예."
"전국에 템플스테이 하는 절이 많은데, 대승사까지 오셨네요."

"대승사가 끌리기도 하고, 주지 스님한테 불교에 대해 궁금한 것도 물어볼까 해서 왔습니다."
"아, 그러셨군요."

이건 추측이지만, 아마도 전 주지 스님이 불교 방송에서 강의하신 적이 있기 때문에, 전 주지 스님을 만나러 오신 것이 아닐까 하는 생각이 들었다. 이분은 주지 스님이 바뀐 것을 모르고 온 것은 아닐까? 어쨌든 나와 인연이 되었다. 어떤 인연일까?

"주지 스님께서 소방교육 때문에 출타하셔서, 제가 대신하게 됐습니다. 홍차 괜찮겠습니까?"
"예."
"홍차를 거름망에 넣고 이렇게 우려낼 때는, 홍차가 우러나길 기다려야지, 흔들면 맛이 텁텁해질 수도 있습니다."

홍차를 조그만 유리 찻잔에 건네며, 한 잔씩 음미했다. 홍차 향이 입안에 서서히 퍼진다. 가을 아침인 데다가 찻실의 창문이 큰 유리창이다 보니, 실내 온도가 제법 쌀쌀하다. 이럴 땐 역시 따뜻한 차가 안성맞춤이다.

템플스테이에 온 진짜 이유
"그런데, 어떤 점이 궁금하셔서 이렇게 오셨나요?"
"제가 《반야심경》 책을 한 권 읽었습니다. 그런데 목사님이 쓴 《반야심경》 책인데요. 불교에서 얘기하는 공(空)이 뭔지 궁금해서 왔습니다."

"그런 책이 있나요? 목사님이 불교 경전에 관한 책을 썼다고요? 허허…. 그분이 어떻게 《반야심경》을 설명했는지 잘 모르겠지만, 스님들의 관점과는 좀 다르게 이해했을 거라고 봅니다. 허허허 …."

"스님, 그런데, 그에 앞서 불교에 대해 궁금한 점이 몇 가지 더 있는데, 물어봐도 될까요?"

"예, 그러시지요."

첫 번째 질문: 한국불교는 기복불교 아닌가?

"스님, 한국불교에서 떡이나 과일 등을 올리며 제사 지내고, 빌고 하는 것은 원래 불교의 취지에서 벗어나, 복(福)을 구하는 기복불교 아닌가요?"

"아, 그렇게 보시는군요. 그런데 사람들은 다 정신적인 수준이 다릅니다. 어떤 분들은 불교에서 얘기하는 '마음을 관찰하라'라는 말을 처음 들었을 때, 무슨 뜻인지 전혀 감을 잡지 못하는 분들도 있습니다. 부처님의 가르침을 처음부터 무턱대고 가르치면, 거부감을 갖고 지루하게 여기는 사람들도 있습니다. 당장 누군가에게는 내 자식의 불치병을 낫게 해달라고 기도하고 의지할 대상이 필요한데, 이런 분들에게는 불교든 기독교든 천주교든 그 교리가 머릿속이나 마음속에 들어올 리가 없습니다. 이분들은 심리적으로 의지할 대상이 필요한 것입니다. 어떻게 종교와 접촉을 하게 되든, 세상에는 이러한 부류의 사람들이 있는 것입니다. 그런 분들을 무시하는 것이 아닙니다. 처음에는 복을 빌고 기도를 하기 위해서 불교를 접했더라도, 이래저래 스님들의 법문도 듣고 하면서, 서서히 종교에 대해 알게 되는 사람들이 있다는 것입니다. 그것을 꼭 나쁘게만 바라볼 필요는 없습니다. 한국불교만 그런 것이 아니죠. 남방불교에서도 희망하는 대로 사업이 잘되기를 바라면서 스님들에게 공양을 올리는 사람이 있는데, 이 경우도 형식만 다르지 같은 맥락으로 볼 수 있습니다. 티베트 불교에서는 죽은 자를 위한 제사 의식들이 있죠. 현재 살아 있는 사람을 위해서, 또는 죽은 사람들을 위해서, 뭔가 해주고 싶은 인간의 욕구를 충족시켜 주는 것이 종교의 부분적인 역할이 아닐까요?

 기독교나 천주교는 어떻습니까? 자녀들 대학 합격을 위해서 새벽기도를 한다면 그것도 일종의 기복신앙 아닌가요? 손에 손을 맞잡고서 아픈 사람의 병이 치유되기를 기도하는 특별 예배도 일종의 기복신앙이라고 할 수 있지 않을까요?"

 "모든 종교는 사람의 연약한 심리 때문에, 그러한 기복신앙적인 요소를 가지고 있을 수밖에 없다고 봅니다. 저는 그런 행위들을 꼭 나쁘게 바라보지는 않습니다. 그러한 것들도 나름대로 역할이 있다고 봅니다. 처음에는 복을 빌기 위해서 절에 다니는 분들이 있습니다. 시간이 지나면서 스님들의 법문을 듣고 부처님의 가르침을 알게 되면, 그분들은 절대적으로 의지할 부처님이나 신神은 없다는 것을 알게 됩니다. 그리고 모든 것은 자신의 행위를 원인으로 하고, 자신이 선택한 행위의 결과를 경험할 뿐이라는 인과(因果)의 법칙을 이해하기 시작합니다."

호박돌과 기름의 비유

 "잠시 경전에 있는 한 가지 비유를 말씀드리겠습니다."

(책으로 옮기면서, 당시보다 더 자세하게 경전 내용을 보충했다.)
한 마을의 촌장이 부처님께 여쭈었습니다.

"서쪽 지방에는 수초로 화환을 만들고 물에 들어가 불을 지피며 헌공하는 바라문(제사장)들이 있습니다. 그들은 죽은 사람들을 위로, 천상으로 인도한다고 합니다. 세존(부처님의 호칭)이시여, 세존께서도 사람들이 몸이 무너져 죽은 후에, 그들을 천상에 태어나도록 하실 수 있습니까?"

……

"촌장이여, 예를 들어 큰 바윗덩이를 깊은 물 속에 던진다고 하자. 수많은 사람들이 그곳에 모여, 찬가를 암송하고 합장하고 기도하고 주위를 돌면서, '올라오소서, 바윗덩이여! 떠오르소서, 바윗덩이여! 땅으로 나오소서, 바윗덩이여!'라고 한다고 하자. 이렇게 하면서 주위를 돌며 예배한 것을 원인으로 그 바윗덩이가 물 위로 떠오르겠는가?"

"그렇지 않습니다. 세존이시여."

"촌장이여, 여기 어떤 사람이 생명을 죽이고, 도둑질을 하고, 부적절한 성관계를 하고, 거짓말을 하고, …… 탐욕을 부리고, 악의에 차 있으며, 잘못된 견해를 가지고 있다. 그런데 수많은 사람들이 그에게 모여들어, 찬가를 암송하고 합장하고 기도하고 주위를 돌면서, '이 사람이 몸이 무너져 죽은 후에, 천상에 태어나기를!'이라고 빈다고 하더라도, 그는 몸이 무너져 죽은 후에, 처참한 곳, 불행한 곳, 지옥에 태어날 것이니라."

……

……

"촌장이여, 예를 들어 버터 단지나 기름 단지를 가지고 깊은 물 속에 들어가 그것을 깬다고 해보자. 그러면 단지의 파편 조각들은 물 아래로 가라앉을 것이고 버터나 기름은 물 위로 떠오를 것이다. 그런데 수많은 사람들이 그곳에 모여, 찬가를 암송하고 합장하고 기도하고 주위를 돌면서, '내려가소서, 버터와 기름이여! 가라앉으소서, 버터와 기름이여! 아래로 내려가소서, 버터와 기름이여!'라고 한다고 하자. 이렇게 하면서 주위를 돌며 예배한 것을 원인으로 그 버터와 기름이 물 아래로 가라앉겠는가?"

"그렇지 않습니다. 세존이시여."

"촌장이여, 여기 어떤 사람은 생명을 죽이지 않고, 도둑질하지 않고, 부적절한 성관계를 하지 않고, 거짓말을 하지 않고, …… 탐욕을 부리지 않고, 악의에 차 있지 않으며, 올바른 견해를 가지고 있다. 그런데 수많은 사람들이 그에게 모여들어, 찬가를 암송하고 합장하고 기도하고 주위를 돌면서, '이 사람이 몸이 무너져 죽은 후에, 처참한 곳, 불행한 곳, 지옥에 태어나기를!'이라고 빈다고 하더라도, 그는 몸이 무너져 죽은 후에, 천상에 태어날 것이니라."
……
-《아시반다까뿟따 경(SN 42.6)》-

"이 경전에서 알 수 있듯이, 불교적 관점에서 보면, 우리의 인생은 어느 절대적인 신이나 부처님이 결정하는 것이 아닙니다. '자신이 선택한 행위'가 자신의 삶을 결정하는 것이지요. 불교는 이러한 것을 가르칩니다."

두 번째 질문: 윤회는 존재하는가?
"스님, 윤회(輪廻)라는 것이 실제로 있는 것입니까?"
"본인 생각은 어떻습니까?"
"저는 잘 모르겠습니다."

"그래도 한 번쯤 곰곰이 생각은 해보셨을 것 같은데요."
"글쎄요, 잘 모르겠습니다."
"불교의 윤회가 아니더라도, 인터넷에 검색해 보시면, 근래에 과학적인 조사를 통해 전생을 기억하는 어린아이들에 대한 연구를 찾아보실 수 있을 텐데요. 그래서 근래에는 윤회를 조금씩 과학적인 방법으로 증명하려고 시도하고 있습니다.

윤회 사상은 부처님이 탄생하시기 그 이전부터 이미 인도에 있었습니다. 그런데 기존에 있던 인도의 일반적인 윤회 사상과 불교의 윤회 사상에는 큰 차이가 있습니다. 기존의 윤회 사상은 고정불변하는 정신적인 주체인 자아(自我)가 있어서, 죽으면 이 자아가 마치 옷을 갈아입듯이 다른 존재로 그대로 이동한다는 것입니다. 그러나 불교에서는 이러한 고정불변의 자아를 인정하지 않습니다. 또는 절대적인 자아라는 것이 있어서 죽거나 혹은 수행을 통해, 그 절대적 자아와 하나가 된다는, 그런 것 역시 인정하지 않습니다.

왜냐하면, 모든 것은 변하기 때문에 존재를 가능하게 하는 에너지 역시 예외가 될 수 없습니다. 무엇을 원인으로 변할까요? 앞에서 말씀드렸던 것처럼, 우리가 하는 행위에 따라서 변합니다. 평소에 어떻게 몸[身]으로 행동하느냐, 무슨 말[口]을 하느냐, 어떤 의도[意]를 갖고 있느냐가 영향을 미칩니다.

불교에서도 윤회를 말하긴 합니다만, 사실은 바로 이 윤회에서 벗어나는 길, 해탈의 길이 있다는 것을 알려 주는 것이 바로 불교의 가르침입니다."

현재의 태어남과 죽음

사실 윤회의 문제는 태어남[生]과 죽음[死]이라는 문제와 관련이 있다. 이것을 한자로 쓰면, 생사(生死) 또는 생멸(生滅)이다.

들판에 불이 났다[生]고 하자. 불어온 바람을 타고 동쪽에서 서쪽으로 움직이며 들판을 다 태우고 나서[滅], 이제는 숲까지 태우고 있다. 그런데 앞에서 활활 타던 들판의 불과 지금 타고 있는 숲속의 불은 같다고 할 수 있는가? 아니면 다른 불이라고 해야 하는가? 그 숲속의 불은 숲을 다 태우고 눈에 보이지 않는 천연가스가 솟아오르는 동굴 입구까지 왔다. 어떠한 연기도 없이 천연가스 불꽃이 훨훨 타오르기 시작한다. 이미 숲을 다 태웠던 그 숲속의 불과 지금 타고 있는 천연가스 불꽃은 동일한 것인가? 동일하지 않은 것인가?

들판에 난 불을 더 자세히 관찰하면, 들판 앞에서 일어난[生] 불이 꺼져가면서[滅] 그 다음 지역을 태울[生] 때도, 앞에 탔던 불이 뒤에 타고 있는 불과 정확히 같은 불이라고 할 수 있는가? 아니면 전혀 다른 불이라고 해야 하는가? 두 장소에 있는 풀의 재료도 서로 다르고 불어오는 바람의 산소 유입량도 다를 것이다. 현재 위치의 풀과 산소량과 바람세기와 그 앞의 불에서 들어오는 열에너지라는 조건이 정확하게 맞아떨어져서, 새로운 불이 일어났을 뿐이다.

아이와 노인의 비유

여기 한 아이가 태어났다고 하자. 그 아이가 무럭무럭 자라서 20살이 되었다. 갓난아기였던 그 사람과 20세의 그는 육체적인 구성물질로 보면 전혀 다른 물질로 이루어진 사람일 것이다. 왜냐하면, 20년이라는 세월 동안 모든 세포는 음식에서 섭취한 영양소들에 의해 완전히 교체되었을 것이기 때문이다. 그의 지적 상태는 어떠한가? 갓난아이의 정신적인 상태와 20세인 그의 정신적인 상태는 어렸을 때의 일부 기억을 똑같이 가지고 있기는 하겠지만, 완전히 동일한 사람인가? 아니면 서로 다른 사람인가? 이제 이 사람이 80세가 되었다고 하자. 그런데 불행하게도 치매에 걸려서 자신의 이름조차 기억하지 못하게 되었다고 하자. 자신의 이름도 모르는 80세의 이 노인과 20세의 청년은 같은 사람인가? 다른 사람인가?

만약 윤회하는 주체가 고정불변이라면, 치매에 걸린 80세 노인의 다음 생은 어떻게 될 것인가?

들판의 불과 숲속의 불 그리고 천연가스의 불꽃은 완전히 똑같지는 않지만, 그렇다고 다른 불도 아니다. 어렸을 때의 아이와 나이 든 80세의 노인도 완전히 똑같은 사람은 아니지만, 그렇다고 전혀 다른 사람도 아니다. 우리가 지금 이 세상에서의 이러한 원리를 이해한다면, 죽음 이후의 문제도 그리 어렵지 않게 이해할 수 있을 것이다.

한 가지 유념할 것은 우리가 윤회(輪廻)라는 단어를 접할 때, '회'(廻)라는 글자 때문에 '어떤 주체가 되돌아온다'라고 무의식적으로 생각하기 쉽다. '회'(廻)는 '생사의 과정이 계속된다'는 의미이지, 어떤 자아가 되돌아온다는 의미가 아니다. 윤회의 원어인 삼사라(saṃsāra)는 '계속해서 흐른다'는 의미이다. 그래서 윤회를 '바퀴처럼 앞으로 굴러 간다'는 뜻의 윤전(輪轉), 또는 '물 흐르듯 굴러 간다'는 뜻의 유전(流轉)으로 쓰기도 한다. ■

30

제 2장

반야심경 1부

제 2 장

반야심경 1 부

세 번째 질문: 《반야심경》에서 말하는 공(空)의 뜻은?

"스님, 《반야심경》에서 말하는 공(空)이란 무슨 뜻입니까?"

"혹시, 양자역학에 대해 알고 계십니까?"
"양자역학요? 잘 모르겠는데요."
"들어보신 적도 없나요?"
"예."
"정말요? 그러시군요. 불교에서 얘기하는 공(空)과 양자역학이 정확히 같은 것은 아니지만, 공(空)을 이해하는 데 도움이 되거든요."

순간 나는 이분이 적어도 이공계 쪽을 전공한 분이 아니라는 것과 과학 분야에는 별로 관심이 없는 분이라는 점을 알 수 있었다. 그런데 오히려 이것이 이분에게는 행운이 되었다. 특히 공(空)과 관련하여, 나는 이분에게 초기불교에서 부처님이 제자들에게 하신 묻고 대답하는 형식의 법문을, 다소 시간이 걸리더라도, '축약하거나 생략하지 않고' 완전하게 해주기로 마음먹었다.

오온에 대한 간략한 설명

"자, 먼저 오온(五蘊)에 관한 설명부터 해야겠군요. 이미 《반야심경》을 읽으셨다면 아시겠지만, 부처님께서는 이 세상을 설명하실 때, 정신적인[名] 요소와 물질적인[色] 요소의 2가지로 설명하셨습니다. 이것을 더 자세하게 5가지로 설명하셨는데요. 물질적인 것 1가지와 정신적인 것 4가지로 설명하셨습니다. 물질적인 것은 말 그대로 물질[色]이고요, 정신적인 것은 느낌[受], 인식[想], 마음요소들[行], 의식[識]입니다. 한자로 색-수-상-행-식(色·受·想·行·識)입니다. 부처님은 세상을 이렇게 우리가 이해할 수 있도록 다섯 가지 요소로 설명하셨습니다. 이들 각각의 다섯 가지가 이런저런 조건이 맞아서 쌓이고, 또한 다섯 가지가 서로 모여서 한 개체라는 존재도 생기고, 세계도 이루어진다고 설명하십니다. 그래서 이것들을 '다섯 가지 집합체', '다섯 가지 무더기'라고도 하죠. 한자로도 원어의 뜻을 그대로 살려서 '쌓는다'는 뜻의 '온'(蘊) 자를 이용해 이러한 다섯 가지 무더기를 '오온'(五蘊)이라고 합니다."

(1) "첫째, 물질[色]은 땅[地]과 같은 고체적인 성질, 물[水]과 같은 액체적인 성질, 불[火]과 같은 따뜻한 기운, 바람[風]과 같은 움직이는 기운의 4가지 요소들에서 파생되어 생긴 것들입니다. 우리의 다섯 가지 감각기관인 눈[眼], 귀[耳], 코[鼻], 혀[舌], 몸[身]이라고 하는 기관과, 이에 상응하는 외부의 대상인 형색[色], 소리[聲], 냄새[香], 맛[味], 감촉의 대상[觸], 등이 물질에 포함됩니다."

(2) "둘째, 느낌[受]은 즐거운 느낌, 괴로운 느낌, 그리고 즐겁지도 괴롭지도 않은 느낌을 말합니다."

(3) "셋째, 인식[想]은 우리가 어떤 물질적인 것이든 정신적인 것이든 그것을 대표할 수 있는 상징적인 것, 표상(表象)으로 개념화시켜서 기억하고, 그 기억한 것을 바탕으로 구별하여 인식하는 정신작용을 말합니다. 시각, 청각, 미각, 후각, 촉각, 사상이나 개념의 각각에 해당하는 정보들을 기억하고 인지하는 정신작용입니다."

(4) "넷째, 마음요소들[行]은 우리의 이런저런 마음들을 모두 합쳐 부르는 말입니다. 양심, 수치심, 의도, 탐욕, 증오, 희열, 평정한 마음, 지혜 등 불교에서는 50여 가지의 마음요소들이 있다고 봅니다. 적나요? 막상 세어 보면 50가지를 채우기도 힘들 겁니다. 하하하 …. 우리는 뭔가 마음을 먹고 난 후에, 그러니까 의도한 후에, 행동으로 옮기게 됩니다. 그래서 이 마음요소들은 '의도에 의해 형성된, 만들어진 것들'이라는 뜻을 가지고 있습니다. 어원상으로 '하다, 만들다'(√kr, to do, to make)와 관련이 있습니다. 한역 경전에서도 원어에 가깝게 행[行]으로 옮기고 있습니다. 한 번쯤 들어보셨을 텐데요, 카르마(karma), 업(業)이라는 단어 역시 '하다, 만들다'에서 나온 단어입니다."

(5) "다섯째, 의식[識]은 눈이 형색을, 귀가 소리를, 코가 냄새를, 혀가 맛을, 몸이 감촉을, 마음이 '마음대상(사상이나 관념 등)'을 각각 접촉할 때 일어나는 정신작용입니다. 감지 센서처럼 현재 그 대상물이 있음을 아는 정신작용을 말합니다."

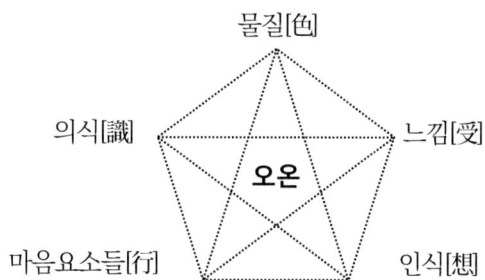

오온에 대한 분석

"이 세상은 이렇게 다섯 가지의 집합체인 오온으로 이루어져 있다고 불교에서는 설명합니다.

이 몸을 한번 봅시다. 이 몸은 물질인데요. 본인의 몸에게 영원히 '아프지 말고 늙지 말고 항상 지금처럼 건강해라'라고 한다고 해서 아프지 않고 늙지 않겠습니까? 자, 이제부터는 제가 하는 질문에 잠시 생각을 해보시고 본인의 생각대로 대답하시면 되겠습니다.

이 몸[色]은 변하지 않고 영원하고 항상 그대로인 것입니까, 아니면 항상하지 못하고 변하는 것입니까?"

"그 모습 그대로 있을 수는 없죠. 변하는 것이죠."

"그렇죠. 만약 항상하지 못한 이 몸이 아프거나 어딘가 못쓰게 된다면, 그것은 괴로움이겠습니까, 즐거움이겠습니까?"

"괴로운 것이죠."

" '아프지 마라'라고 해도 자기 뜻대로 따라주는 것도 아니고, 영원하지 못하고 변하기 마련이고, 괴로움인 이 몸에 대해서 이것은 '내 것이야', 이 몸이 '나야'라고 생각하는 것이 타당하겠습니까?"

"음, 글쎄요. 타당하지 않은 것 같군요."

"느낌[受]에 대해서도 분석적으로 생각해보도록 합시다. 천천히 생각해 보시고 대답하시면 되겠습니다.

자, 즐겁다거나 괴롭다거나 아니면 즐겁지도 괴롭지도 않은 그런 느낌은 영원하고 항상 그대로인 것입니까, 아니면 항상하지 못하고 변하는 것입니까?"

"항상하지 못하고 변하기 마련인 것이죠."

"그렇다면 항상하지 못하고 변하는 것은 괴로움입니까, 즐거움입니까?"

"뭐라케야 하나… 음… 변하는 것이니. 괴로운 것에 속하겠네요."

"이렇게 항상하지 못하고 변하기 마련이고, 괴로움인 이 느낌에 대해서 이런 느낌은 '내 것이야.', 더 나아가 '나다', '나의 자아다'라고 생각하는 것이 타당하겠습니까?"

"타당하지 않은 것 같군요."

"이번에는 인식[想]이라는 정신작용에 대해 생각해 보도록 합시다. 예를 들어, '국가'라고 생각하는 개념은 언어라는 표상을 통해 기억된 것인데요. 그것은 나이에 따라 그리고 자신이 경험한 일에 따라 변할 수밖에 없습니다. 처음에는 국가로부터 혜택을 받아 고맙게 여기다가, 나중에 국가로부터 정신적 또는 재산적인 피해를 보게 된다면 앞의 좋은 기억은 사라지게 되겠죠. (추가 설명: 사과에 대해 빨갛고 맛있는 과일이라는 기억을 가졌다가, 어느 날 사과를 먹다가 목이 막혀 죽을 뻔한 경험을 하게 되면, 사과는 맛있지만, 위험한 과일이라는 기억으로 바뀐다.)

자, 이러한 인식[想]작용은 영원하고 항상 그대로인 것입니까, 아니면 항상하지 못하고 변하는 것입니까?"

"항상하지 못하고 변하는 것입니다."

"그렇다면 항상하지 못하고 변하는 것은 괴로움입니까, 즐거움입니까?"

"괴로움입니다."

"이렇게 항상하지 못하고 변하기 마련이고, 괴로움인 이 인식[想]작용에 대해서 이것은 변하지 않는 '내 것이다', '나다', '나의 자아다'라고 생각하는 것이 타당하겠습니까?"

"타당하지 않습니다."

"자, 이제, 오온의 네 번째인 여러 마음요소들[行], 우리의 마음을 구성하는 이런저런 마음 상태들에 대해서도 알아봅시다. 희열이나 증오나 그런 것들이요. 우리의 마음이라는 것은 영원하고 항상 그대로인 것입니까, 아니면 항상하지 못하고 변하는 것입니까?"

"항상하지 못하고 변하는 것입니다."

"그렇죠. 마음은 정말이지 너무 변덕스럽게 변하지 않습니까? 그렇다면 이렇게 항상하지 못하고 변하는 마음요소들은 괴로움입니까, 즐거움입니까?"

"괴로움입니다."

"이렇게 항상하지 못하고 변하기 마련이고, 괴로움인 이 마음요소들[行], 심리상태들에 대해서 이것은 변하지 않는 '내 것이다', '나다', '나의 자아다'라고 생각하는 것이 타당하겠습니까?"

"타당하지 않습니다."

"마지막으로, 의식[識]에 대해 살펴봅시다. 오온에서 말하는 의식은 눈, 귀, 코, 혀, 몸, 마음으로 감지할 수 있는 대상이 현재 있음을 알아채는 정신작용인데요. 앞에서 우리는 다섯 가지 집합체인 오온 가운데 물질[色]이 항상하지 않다는 것을 이미 함께 살펴보았었죠. 눈[眼]과 같은 감각기관은 물질로 이루어진 것인데요. 그렇기 때문에 변하는 감각기관으로 우리가 인지하는 의식[識] 또한 항상하지 않다는 것을 쉽게 알 수 있습니다. 사실 감각기관뿐만 아니라, 그 대상이 되는 형색, 소리, 냄새, 맛, 감촉, 마음대상들도 항상하지 않기 때문에, 논리적으로 생각해봐도 의식 자체가 항상하다는 것은 거의 불가능에 가깝습니다. 예를 들어, 눈이 나빠져서 시력이 떨어졌다면, '눈'으로 '빨간 사과'를 감지하는 '눈의 의식'이 이전과는 같을 수가 없겠죠.

"자, 의식[識]은 영원하고 항상 그대로인 것입니까, 아니면 항상하지 못하고 변하는 것입니까?"

"항상하지 못하고 변하는 것입니다."

"그렇다면 항상하지 못하고 변하는 것은 괴로움입니까, 즐거움입니까?"

"괴로움입니다."

"이렇게 항상하지 못하고 변하기 마련이고, 괴로움인 이 의식[識]에 대해서 이것은 변하지 않는 '내 것이다', '나다', '나의 자아다'라고 생각하는 것이 타당하겠습니까?"

"타당하지 않습니다."

실체가 없기 때문에, 오온은 공(空)하다.

"이렇게 '다섯 가지 집합체', 또는 '무더기'라고 하는 오온은 항상 그대로 머물러 있을 수 없는 변하기 마련이라는 것, 그리고 변하기 때문에 결국 즐거움보다는 괴로움을 가져온다는 것, 그렇기 때문에 오온의 각각에 대해서 그것들을 '나의 것이다', '나다', '나의 자아이다'라고 할 수 없다는 점을 잘 이해하셨을 것입니다. 특히 빠알리어 원어에서 괴로움이라는 단어는 둑카(*dukkha*)라고 하는데요. 이 단어에는 우리가 감각적으로 느끼는 고통뿐만 아니라, 항상하지 못하고 변하기 때문에 일어나는 고통이라는 뜻도 있습니다. 그래서 결국 불교에서 '항상하지 못하다는 말'과 괴로움[苦]이라는 말은 같은 뜻입니다. 나중에 인터넷으로 '둑카'를 꼭 검색해 보시기 바랍니다."

"존재를 이렇게 분석해보면 알 수 있듯이, 물질적인 것이든 정신적인 것이든 고정불변하는 실체가 없습니다. 더 세밀하게 관찰하면, '변한다고 하는 것'은 '일어났다가 사라졌다가 하는 연속체의 흐름'이라고 할 수 있습니다.

결국, 다섯 가지 집합체인 오온은 이렇게 '그 실체가 없기 때문'에 공하다(空, Skt. śūnyatā, Pāli suññatā)라고 합니다. 이것이 반야심경에서, 그리고 불교에서 얘기하는 공(空)의 의미입니다."

삼법인(三法印)

"잠시, 차 한잔 더 하시지요.
참고로, 하나 더 설명해 드릴 것이 있는데요. 지금까지 오온에 대해 말씀드린 내용에는 부처님의 중요한 3가지 가르침이 포함되어 있습니다. 첫째는 '조건에 의해 만들어진 모든 것은 항상하지 못하고 변한다'(제행무상諸行無常)라는 것입니다. 둘째는 '조건에 의해 만들어진 모든 것은 괴로움이다'(일체개고一切皆苦)라는 것입니다. 셋째는 '모든 것에는 고정불변하는 자아가 없다'(제법무아諸法無我)라는 것입니다. 이 3가지는 마치 도장[印]을 찍듯이 분명하고 틀림이 없기 때문에, 불교에서는 이를 삼법인(三法印)이라고 합니다. 그런데 사실 삼법인의 이 셋은 바라보는 관점에 따라 표현만 다를 뿐이지, 결국 같은 말입니다. 변하고 항상하지 못하기 때문에 결국에는 고통이나 괴로움을 느낄 수밖에 없는 것이고요, 항상 변하기 때문에 변하지 않는 '나'라는 자아를 상정할 수 없는 것이지요. 이들은 모두 그 밑바탕에 '공(空)하다'는 특성을 공통분모로 가지고 있습니다."

마지막 차 한 잔

"좀 도움이 됐는지 모르겠습니다. 언제까지 계시나요?"
"오늘이 마지막 날입니다."

"아, 그러시군요. 벌써 9시네요. 저도 이제 좀 가봐야겠습니다. 여기, 마지막 차 한잔 더 하시겠습니까?"

금세 2시간이 지나갔다. 이 남자분을 떠나보내며, 남은 홍차와 찻잔을 정리했다. 그러고 보니 이분과는 서로 이름도 나이도 직업도 묻지 않고 얘기만 했다. 하기야 불교를 얘기하는데 뭐 그런 것이 중요하겠는가?

사찰의 찻잔은 정말 소꿉놀이 장난감같이 너무 작다. 내가 처음 출가해서 느꼈던 찻잔에 대한 그러한 이미지는 지금도 찻잔을 닦을 때면, 첫 번째 생각으로 문득문득 떠오르곤 한다. 이렇게 떠오르는 첫 번째 기억은 언제쯤 다른 것으로 교체될까?

왜 공성(空性)을 보는 것이 중요한가?

그런데 불교에서는 왜 '오온이 공(空)하다'고 아는 것을 그렇게 중요하게 여기는가?

왜냐하면, 이러한 '오온이 공하다는 특성'인 공성(空性)을 본 사람은 **집착하는 탐욕스러운 마음을 일으키지 않기 때문이다.** 이런 탐욕을 '목마름', '갈애'라고 하는데, '갈애'는 어떤 존재가 연속하게 되는 가장 강력한 에너지 가운데 하나이다.

이러한 갈애를 소멸시킨 사람은 감각적 욕망을 즐기며 살고자 하는 욕망이나, 물질세계 속에서 영원히 살기를 바라는 욕망이나, 혹은 신神처럼 존재하기를 바라는 그 어떤 욕망에도 집착하지 않는다. 왜냐하면, '모든 것은 공하다'라는 사실을 깨달았기 때문이다.

붉게 타오르는 쇠구슬의 비유

여기 붉게 달아오른 쇠구슬이 있다고 하자. 어떤 사람이 그것을 눈으로 보고 먹음직스러운 사과 같아서 손으로 덥석 잡았다고 치자. 어떻게 되겠는가? '앗, 뜨거워'하면서 울고불고 덴 손을 식히려 물을 찾고 난리를 칠 것이다. 나중에 과연 그 사람이 다시 그 붉게 달아오른 쇠구슬을 사과라고 판단하고 손으로 잡겠는가? 아마 '넌더리를 치며'(염오厭惡) 가까이 가지도 않을 것이다.

공성(空性)을 알지 못하는 사람은 좋아하는 것을 보면 가지고 싶어 한다. 가지면 애지중지하며 그것에 집착한다. 집착할수록 더 가지려 한다. 그것이 상품이나 돈이나 땅이나 사람과 같은 물질적인 것이든, 아니면 권력이나 사상이나 명예나 이론과 같은 정신적인 것이든 모두 마찬가지이다. 얻으면 기뻐하고 잃으면 슬퍼하고 괴로워한다. 그러나 결국 죽을 때는 1원 한 푼도 가져갈 수 없다. 나라를 호령하는 권력과 명성을 가졌더라도 거품처럼 사라지고 만다. 존재를 구성하는 '다섯 가지 집합체'인 오온이 공(空)하다는 것을 모르는 사람은 마치 붉게 타오르는 구슬을 계속해서 잡으려는 사람과 같다.

반면에, 오온의 공성(空性)을 바로 본 지혜로운 사람은 어떻겠는가? 탐욕스럽게 물질과 정신적인 것에 집착하겠는가? 오히려 세상에 대해 집착하지 않게 되고, 탐욕을 놓아버리게 될 것이다. 그렇게 해서 그는 존재함으로부터 자유로워진다. 그는 붉게 타오르는 쇠구슬을 다시는 잡지 않는다.

불교는 허무주의가 아니다.

그렇다고 불교에서 물질과 정신이 중요하지 않다는 식의 허무주의나 염세주의를 가르친다고 생각한다면 큰 착각이다. 불교의 가르침은 '이 세상은 변한다'는 것을 인지한 후에, 물질과 정신에 너무 끄달리지 말고 살라는 것일 뿐이다. 가진 모든 것을 버리거나 재산을 포기하라는 뜻이 아니다.

부처님 당시, 사왓티라는 도시에 부유한 상인인 수닷타 장자가 있었다. 그는 상업으로 엄청난 부를 지닌 부자였다. 그러나 그 도시 사람들이 그에게 붙여준 별명은 '외롭게 지내는 사람들에게 음식을 공급해주는 사람', 아나타삔디까(Anāthapiṇḍika)였다. 한역에서도 그대로 '급고독(給孤獨) 장자'로 옮기고 있다. 그는 사왓티에 부처님과 그의 제자들을 위해서 기원정사(급고독원)를 만든 사람이기도 하다. 옳은 방법으로 재산을 모으되 탐욕스럽게 쥐고 있는 것이 아니라, 남에게 베풀면서 살면 되는 것이다. 부처님은 정당한 방법으로 부를 축적하고 보호하는 것에 대해서도 말씀하셨다. 가족들의 행복을 위해, 친구들과 친척들의 행복을 위해, 왕과 조상들에게 고마움을 표현하기 위해, 수행자들에게 공양을 올리기 위해서이다(AN 5.41).

불교의 가르침은 주변 상황과 조건에 맞게 행동할 수 있도록 하는 '지혜'(智慧)를 준다. 지혜는 현재 마주한 상황과 조건을 마치 과학자가 관찰하듯이, 제3자의 입장에서 객관적으로, '있는 그대로' 바라볼 수 있게 한다. 그리고 그것은 나에게도 이롭고 남에게도 이로운 방법을 찾아내는 지혜의 눈을 줄 것이다. ■

제 3장

반야심경 2부

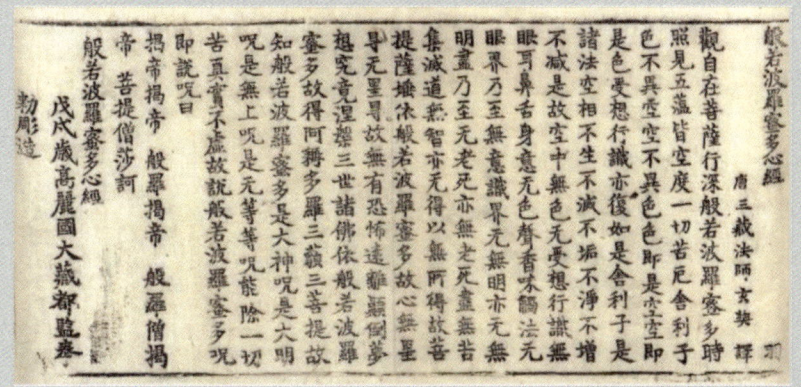

고려대장경 목판본 반야바라밀다심경

제 3 장
반야심경 2부

3.0 반야심경의 배경과 구성

3.0.1 경이 설해진 배경

한국 사찰에서 독송하는 《반야심경》은 현장(玄奘, AD. 602~664) 스님의 번역본이다. 반야심경의 다른 티베트 및 한역 본에는 경을 설하게 된 인연이 나와 있다. 잠시 그 배경을 알아보자.

【부처님께서 왕사성(라자가하)의 영취산(독수리봉)에서 많은 비구들과 보살들에 에워싸여 깊은 정법 삼매에 드셨다. 관자재보살은 '다섯 가지 집합체인 오온이 모두 공(空)한 것'을 비추어 보았다. 이때 사리불 존자가 부처님의 숨은 뜻을 알고는 관자재보살께 여쭈었다.

"깊은 반야바라밀다(般若波羅蜜多, 지혜의 완성) 수행을 배우고자 하는 선남자 선여인은 어떻게 수행해야 합니까?"

관자재보살께서 말씀하셨다.

"선남자 선여인이여, 깊은 반야바라밀다(지혜의 완성) 수행을 배우고자 한다면, '다섯 가지 집합체인 오온이 공한 것'을 꿰뚫어 보아야 하느니라. 물질[色]은 공한 것이요, 공한 것이 곧 물질이다. 물질은 공한 것과 다르지 않고, 공한 것도 물질과 다르지 않다. 느낌[受], 인식[想], 마음요소들[行], 의식[識] 또한 그러하니라. ······ "】 ─大正新脩大藏經第 8 冊 No. 254 《般若波羅蜜多心經》智慧輪奉 譯─

관자재보살은 귀를 통해 소리[音/聲]로 깨달았기 때문에 관세음보살(觀世音菩薩)이라고도 한다. 물리적인 특성상 걸림이 없는 소리(파동)로 깨달았기 때문에, 그 지혜 또한 걸림이 없이 자유자재하다. 그래서 관자재보살(觀自在菩薩)이라고도 한다. 또한, 관자재보살은 자비(慈悲)를 상징하기도 한다. 같이 등장하는 사리불(舍利佛) 존자는 초기불교에서 부처님의 제일 뛰어난 제자인 사리뿟따 존자이며, '지혜 제일'인 분이시다. 형식은 초기불교의 지혜 제일인 사리불 존자가 지혜와 자비를 갖춘 대승불교의 관자재보살에게 질문하는 형식을 취하고 있지만, 사리불 존자가 몰라서 질문한 것이 아니다. 아직 깨닫지 못한 선남자 선여인을 위해서, 자비스러운 마음으로 지혜로운 가르침을 설해주시기를 관자재보살님에게 요청하고 있는 것이다.

3.0.2 대승불교의 육바라밀

대승불교의 수행법인 '육바라밀'을 아는 것이 《반야심경》을 이해하는 데 도움이 된다. 현장 스님은 《반야심경》 이외에도 《대반야바라밀다경》을 번역하셨는데 무려 600권이나 된다. 이 경에는 공(空)과 육바라밀 등 중요한 대승불교의 사상이 설명되어 있다.

육바라밀은 보살(수행자)이 깨달음을 성취하기 위해서 닦아야 하는 6가지 수행법을 말한다. '보살'은 '보리살타'의 준말로써 원래는 아직 깨닫기 전 수행자였을 때의 석가모니 부처님을 지칭하는 말이었다. 이후에 대승불교에서는 그 뜻이 보편화되어 일반 수행자까지 모두 보살이라고 부르게 되었다. '바라밀'은 '바라밀다'(波羅蜜多)의 준말로서 '완성'이라는 뜻이며, 직역하여 '저 언덕으로 건너갔다'라는 뜻으로 옮길 수도 있다. 불교에서는 괴로움, 행복, 시기, 질투 등이 함께 섞여 있는 이 세상을 '이 언덕'[此岸]에 비유하고, 이러한 괴로움의 원인을 통찰해 번뇌가 소멸한 깨달음의 경지를 '저 언덕'[彼岸]에 비유한다. 그래서 육바라밀은 6가지 수행의 완성으로 이 언덕에서 저 언덕으로 건너갈 수행방법을 제시한 것이다.

▪육바라밀다(또는 육바라밀): (수행의) 6가지 완성.
1. 보시(布施)바라밀다: 남에게 베풀어라.
  물질적인 재물과 정신적인 가르침을 남에게 베풀며 살아라.
2. 지계(持戒)바라밀다: 도덕적인 법규를 지키며 살아라.
  '살생하지 말고, 도둑질하지 말고, 부적절한 음행을 하지 말고, 거짓말하지 말고, 술과 같은 중독성 물질을 먹지 말라'와 같이 비도덕적 행위를 하지 말고 선한 행동을 하라.
3. 인욕(忍辱)바라밀다: 참고 인내하며 살아라.
  자신에게 맞지 않는 것도 때로는 참아야 하지만, 너무 좋아서 자신을 즐겁게 하는 일만을 탐욕스럽게 추구하는 것도 역시 참아야 한다. 다섯 가지 집합체인 오온의 공성을 안다면 사실 화낼 일도 참을 일도 없는 것이다.
4. 정진(精進)바라밀다: 부지런히 수행하라.
  수행에 도움이 되는 공부는 더욱더 증장시키고, 나쁜 것은 계속 제거하면서 목표를 이룰 때까지 부지런히 노력하라.
5. 선정(禪定)바라밀다: 잡다한 망념을 쉬고 마음을 고요하게 하라.
  잡다한 생각을 쉬고 마음을 하나에 집중하여 가라앉히면, 사물을 있는 그대로 볼 수 있게 하는 통찰의 힘이 증장된다.
6. 반야(般若)바라밀다: 세상의 이치를 꿰뚫어 보는 지혜를 닦아라.

이 여섯 가지 가운데 반야(지혜)바라밀다가 다른 5가지들의 근본적인 기준이 된다. 예를 들어, 이웃집에서 음악을 쾅쾅 틀어 그 소리가 상식을 벗어나는 수준이라면, 다만 억지로 참는 것이 '인욕(忍辱)바라밀다'를 행하는 것이 아니다. 그리고 음악을 크게 틀고 즐긴 사람이 이웃들의 민원을 듣고 오히려 화를 벌컥 내며 성질을 부린다면 이 역시 문제다. 단순히 꾹 참는 것은 진정한 인내가 아니다. 억지로 참는 사람은 말할 용기가 없고 어리석으며 지혜가 부족하기 때문이다. 음악을 크게 틀고 이웃들의 민원에 화를 낸 사람은 자신의 욕망을 참아야 할 때, 진정 인내하지 못한 사람이다. 이 사람 역시 지혜가 부족하기는 마찬가지이다. 그뿐만 아니라 인간으로서의 양심과 수치심까지 없는 사람이다.

베풀며 사는 '보시(布施)바라밀다'가 중요하다고 하지만, 지혜의 눈이 없어서, 사기꾼이나 범죄자를 재정적으로 도와준다거나 법적으로 보호해 준다면, 이것은 오히려 다른 많은 사람들에게 해를 끼치는 것이다. 그렇기 때문에 모든 수행에 있어서 지혜는 그 밑바탕이 된다. 우리의 삶 속에서도 지혜가 있는 기업이나 개인이 문제를 원만하게 해결해 나간다. 불교 수행에 있어서도 마찬가지이다. '반야바라밀다'(지혜의 완성)가 중요한 이유이다.

3.0.3 경전의 전체 구성

다음 두 페이지에는 반야심경의 한글 및 한역본을 실었고, 전체적인 구조를 파악하기 쉽도록 번호를 매겨 놓았다. 이 번호는 이후에 나오는 반야심경의 해당 문구를 설명하는 각 절의 번호들이다.

3.1절은 반야심경의 핵심이라고 할 수 있다.
3.2절부터 3.9절까지는 3.1에 대한 상세설명이다.
3.10절에는 반야심경의 진언(眞言)이 소개되어 있다.

(참고로, 반야심경을 외우는 가장 쉬운 방법은 스님들이 합송하는 반야심경을 따라 하는 것이다. https://blog.naver.com/hayan_info 참고.) ■

마하반야바라밀다심경 - 조계종 한글본 -

3.1	관자재보살이 깊은 반야바라밀다를 행할 때, 오온이 공한 것을 비추어 보고 온갖 고통에서 건너느니라.
3.2	사리자여! 색이 공과 다르지 않고 공이 색과 다르지 않으며, 색이 곧 공이요 공이 곧 색이니, 수 상 행 식도 그러하니라.
3.3	사리자여! 모든 법은 공하여 나지도 멸하지도 않으며, 더럽지도 깨끗하지도 않으며, 늘지도 줄지도 않느니라.
3.4	그러므로 공 가운데는 색이 없고 수 상 행 식도 없으며, 안 이 비 설 신 의도 없고, 색 성 향 미 촉 법도 없으며, 눈의 경계도 의식의 경계까지도 없고,
3.5	무명도 무명이 다함까지도 없으며, 늙고 죽음도 늙고 죽음이 다함까지도 없고,
3.6	고 집 멸 도도 없으며, 지혜도 얻음도 없느니라.
3.7	얻을 것이 없는 까닭에 보살은 반야바라밀다를 의지하므로 마음에 걸림이 없고 걸림이 없으므로 두려움이 없어서, 뒤바뀐 헛된 생각을 멀리 떠나 완전한 열반에 들어가며,
3.8	삼세의 모든 부처님도 반야바라밀다를 의지하므로 최상의 깨달음을 얻느니라.
3.9	반야바라밀다는 가장 신비하고 밝은 주문이며 위없는 주문이며 무엇과도 견줄 수 없는 주문이니, 온갖 괴로움을 없애고 진실하여 허망하지 않음을 알지니라.
3.10	이제 반야바라밀다주를 말하리라. 아제아제 바라아제 바라승아제 모지 사바하.

(마하)반야바라밀다심경 (摩訶)般若波羅蜜多心經 -현장 스님 역-

3.1	관자재보살 행심반야바라밀다시 조견오온개공 도일체고액 觀自在菩薩 行深般若波羅密多時 照見五蘊皆空 度一切苦厄
3.2	사리자 색불이공 공불이색 색즉시공 공즉시색 수상행식 역부여시 舍利子 色不異空 空不異色 色卽是空 空卽是色 受想行識 亦復如是
3.3	사리자 시제법공상 불생불멸 불구부정 부증불감 舍利子 是諸法空相 不生不滅 不垢不淨 不增不減
3.4	시고 공중무색 무수상행식 是故 空中無色 無受想行識 무안이비설신의 무색성향미촉법 무안계 내지 무의식계 無眼耳鼻舌身意 無色聲香味觸法 無眼界 乃至 無意識界
3.5	무무명 역무무명진 내지 무노사 역무노사진 無無明 亦無無明盡 乃至 無老死 亦無老死盡
3.6	무고집멸도 무지 역무득 無苦集滅道 無智 亦無得
3.7	이무소득고 보리살타 의반야바라밀다 고심무가애 무가애고 以無所得故 菩提薩埵 依般若波羅密多 故心無罣碍 無罣碍故 무유공포 원리전도몽상 구경열반 無有恐怖 遠離顚倒夢想 究竟涅槃
3.8	삼세제불의반야바라밀다 고득아뇩다라삼먁삼보리 三世諸佛依般若波羅密多 故得阿耨多羅三藐三菩提
3.9	고지반야바라밀다 시대신주 시대명주 시무상주 시무등등주 故知般若波羅密多 是大神呪 是大明呪 是無上呪 是無等等呪 능제일체고 진실불허 能除一切苦 眞實不虛
3.10	고설반야바라밀다주 즉설주왈 故說般若波羅密多呪 卽說呪曰 아제아제 바라아제 바라승아제 모지사바하 揭諦揭諦 波羅揭諦 波羅僧揭諦 菩提娑婆訶

54

3.1 반야심경의 제목 및 첫 문장

<한문>
≪마하반야바라밀다심경≫ (摩訶般若波羅蜜多心經)
관자재보살 행심반야바라밀다시 조견오온개공 도일체고액
觀自在菩薩 行深般若波羅密多時 照見五蘊皆空 度一切苦厄

<한글>
≪마하반야바라밀다심경≫
관자재보살이 깊은 반야바라밀다를 행할 때,
오온이 공한 것을 비추어 보고 온갖 고통에서 건너느니라.

<저자 풀이>
≪지혜의 완성(반야바라밀다)에 핵심이 되는 위대한 경≫
관자재보살이 깊은 '지혜의 완성'(반야바라밀다) 수행을 할 때,
다섯 가지 집합체인 오온이 공한 것을 비추어 보시고
일체 모든 괴로움과 액난을 건너셨다.

3.1.1 경전의 제목

마하반야바라밀다심경 (摩訶般若波羅蜜多心經)

　현장 스님이 번역해 놓은 경전의 이름은 '반야바라밀다심경'(般若波羅蜜多心經)이다. 원래는 앞에 '마하'라는 두 글자가 없다.

　이 경은 《대반야바라밀다경》 600권에는 포함되어 있지 않은 별도의 독립적인 경이다. 그러나 내용상으로 《대반야바라밀다경》뿐만 아니라 반야부 경전의 핵심[心] 가운데 핵심만을 아주 짧게 압축해 놓았다고 해도 과언이 아니다. 그래서인지 언제부터인가 우리나라 사찰에서는 '반

야바라밀다심경' 앞에 산스크리트어의 '마하'를 붙여서, '마하-반야바라밀다심경'이라는 제목을 사용해 왔다.

경전의 이름 앞에 마하가 붙을 경우, 여러 가지 해석이 가능한데 경의 분량이 많기 때문에 '마하'[大]를 붙이는 경우도 있다.

그런데 원문 《반야바라밀다심경》의 본문은 260자이고, 제목을 포함해도 268자이다. 원제목 앞에 '마하'라는 두 글자를 붙여도 270자이다. 목판 하나에 들어가는 아주 짧은 경이다. 이렇게 짧은 《반야바라밀다심경》의 앞에, 우리나라 옛 스님들이 붙인 '마하'는 '내용이 많다'는 뜻이 아니라, 당연히 '크다, 위대하다'는 뜻이다.

반야(般若)는 '지혜'를 뜻한다. 산스크리트어로는 쁘라즈냐(*prajña*)이고, 빠알리어로는 빤야(*paññā*)이다. 단순히 여러 학문을 많이 알고 있는 지식과 지혜는 차원이 다르다. 지혜는 현상의 이치를 꿰뚫어 아는 통찰이다. 그래서 개인의 행복뿐만 아니라 존재하는 모든 것들의 행복을 위해서 중요한 결정을 내릴 때, 지혜는 너무나도 중요하다. 불교에서는 지나치게 탐욕스러운 마음이나, 남을 해치는 폭력적인 행위나, 남을 해코지하려는 마음가짐을 지혜롭지 못한 것으로 보고 있다. 지혜로운 사람은 남에게 끼친 해로움이 결국 언젠가는 자신에게 되돌아온다는 것을 통찰할 수 있기 때문이다. 그래서 개인 간의 폭력이든, 국가 간의 전쟁이든 남을 해치는 일들은 '불교적 관점에서 본다면' 결국 지혜가 부족하기 때문에 발생하는 일들이다.

'지혜의 완성'을 위해서, 반야심경은 '현상세계를 구성하는 다섯 가지 집합체인 오온이 공(空)하다'는 것을 통찰하라고 강조하고 있다. 왜냐하면, 공(空)한 것인 줄 알면, '탐욕스러운 마음으로, 증오하는 마음으로,

어리석은 마음으로' 그 대상에 대해 집착하지 않기 때문이다. 그리고 그것이 진정한 자유와 행복으로 가는 길이다.

바라밀다(波羅蜜多)는 '완성', '최상'이라는 뜻이다. 산스크리트어 빠라미따(pāramitā)를 소리 나는 대로 적은 것이다. 문자 그대로는 (이 언덕에서) 저 언덕으로 넘어갔다는 뜻이며, 수행의 완성, 최고의 상태를 의미한다.

심(心)에 해당하는 산스크리트어는 신체 기관인 심장(hṛdaya)이다. 그래서 '핵심', '정수'라는 뜻이다.

그래서 《마하-반야바라밀다심경》(摩訶-般若波羅蜜多心經)이라는 경의 이름은 **'지혜의 완성(반야바라밀다)에 핵심이 되는 위대한 경'**이라고 풀이할 수 있다.

(참고: 《대반야바라밀다경》 총 600권 16회분 가운데, 1회분이 무려 400권으로 2/3분량이며, 첫 <연기품>만 제외하고 거의 모두 '공함'을 보는 것과 그 실천수행과 관련된 내용이다. 특히 <학관품(學觀品)>의 후반부[第二之二]는 《부처님 버전의 반야심경》이라고 볼 수 있을 정도로, 현재 우리가 독송하는 《반야심경》의 내용 대부분을 포함하고 있다. 6회와 7회는 수행에 있어서 선정(禪定)바라밀다의 중요성을 강조한 경이고, 9회 능단금강분(能斷金剛分)은 우리가 잘 알고 있는 《금강경》에 해당하는 부분이다. 11회부터 16회까지는 차례대로 6바라밀을 설명하고 있다.)

3.1.2 첫 문장에서 모든 설명은 끝났다
관자재보살 행심반야바라밀다시 조견오온개공 도일체고액
觀自在菩薩 行深般若波羅密多時 照見五蘊皆空 度一切苦厄

관자재보살이 깊은 '지혜의 완성'(반야바라밀다) 수행을 할 때,
다섯 가지 집합체인 오온이 공한 것을 비추어 보시고
일체 모든 괴로움과 액난을 건너셨다.

'관자재보살 행심반야바라밀다시'(觀自在菩薩 行深般若波羅密多時)는 '관자재보살이 깊은 지혜의 완성(반야바라밀다)을 위해 수행을 하실 때'라는 뜻이다.

'마른 지혜'(乾慧)와 '깊은 지혜'(深慧)가 있다. 얕은 우물을 파면, 그 깊이가 깊지 않아 한 번 파고, 마르면 또 파는데, 곧 말라버리고 말 것이다. 이와 같은 지혜를 '마른 지혜'라고 한다. '깊은 지혜'란, 마치 깊은 우물에서 물이 항상 끊임없이 솟아나듯, 그 지혜가 '한없이 깊다'[甚深]는 뜻이다.

그러면 어떻게 해야 지혜가 깊어지는가? 육바라밀 가운데 '선정바라밀다'(선정의 완성)의 도움이 필요하다. '독서삼매에 빠졌다'라는 표현을 알고 있을 것이다. 여기서 '삼매'는 불교 용어이다. '독서삼매'는 다들 알고 있는 대로 독서에 깊이 빠져서 주변의 소리, 빛, 냄새 등의 변화를 잊어버린 채, 오직 독서 하나에 온 마음이 집중되어 있는 정신상태이다. 이렇게 삼매(三昧)란 잡다한 마음이 고요해져 멈추고[止] 하나에 집중된 마음 상태를 말한다. 책을 읽을 때, 당신에게 걱정거리가 많고 마음이 산만한 상태라면, 책의 내용이 제대로 들어오겠는가?

수행도 마찬가지이다. 본문에서 '깊은 지혜의 완성(반야바라밀다)'이란 선정력이 뒷받침된 지혜의 완성(반야바라밀다)이라는 뜻이다.

앞 절 3.0.3에서 육바라밀을 정의할 때, '선정바라밀다'(선정의 완성)는 '있는 그대로 볼 수 있게 하는 통찰'의 힘을 증가시킨다고 했다. '통찰'은 다름 아닌 지혜(智慧), 반야(般若)를 말한다. 그래서 선정바라밀다(선정의 완성) 수행과 반야바라밀다(지혜의 완성) 수행은 서로 떼려야 뗄 수 없는 관계이다.

'조견오온개공 도일체고액'(照見五蘊皆空 度一切苦厄)은 '다섯 가지 집합체인 오온이 공한(실체가 없음) 것을 비추어 보시고, 일체 모든 괴로움과 액난을 건너셨다'라는 뜻이다.

여기에서 조견(照見)은 아주 중요한 단어이다. 다섯 가지 집합체인 물질, 느낌, 인식, 마음요소들, 의식을 '자세히' 관찰하는 것이다.

관자재보살은 다섯 가지 집합체인 물질, 느낌, 인식, 마음요소들, 의식을 '비추어 보시고', 어떤 이치를 알고[知] 보셨는가[見]? 바로 '존재를 구성하는 다섯 가지 집합체의 하나하나가 그 실체가 없는 공한 것이라는 사실'을 깨달으신 것이다.

이렇게 '이치를 꿰뚫어 아는 것'이 지혜(智慧), 즉 반야(般若)이다.

3.1.3 오온이 공한 것을 보면, 왜 괴로움에서 벗어날 수 있는가?

다섯 가지 집합체인 오온을 비추어 보고 '공(空)하다'(실체가 없다)는 것을 깨닫게 되면, 도대체 어째서 일체의 모든 괴로움과 고통을 넘어설 수 있다고 말하는 것인가?

제2장에서 언급했지만, 다섯 가지 집합체인 오온이 공하다(실체가 없다)는 것을 깨닫게 된 사람이, 물질, 느낌, 인식, 마음요소들, 의식으로 이루어진 대상에 대해 욕심부리고 집착하겠는가?

마치 뜨거운 쇠구슬을 잡았다가 손을 덴 적이 있는 사람이 결코 다시는 뜨거운 쇠구슬을 만지지 않듯이, '공하다'는 것을 철저하게 알면 알수록, 그만큼 철저하게 집착에서 벗어나게 된다.

관자재보살은 '오온이 공한 것을 철저하게 보았기 때문에', 다시는 오온에 '집착하지 않게 되었다.' 집착하지 않음으로써, 탐욕을 완전히 여의어, 번뇌가 사라진 상태를 성취하셨다. 그래서 '모든 괴로움과 고통을 건너셨다'라고 서술하고 있는 것이다.

그러나 그게 말처럼 쉽지 않다. 막 태어난 갓난아기를 보라. 그 작은 손으로도 일단 잡은 것은 꽉 쥐고 놓아주지 않는다. 우리는 평생 그렇게 잡고 소유하는 것에 익숙해져 있다. 돈이나 재산과 같은 물질적인 것이든, 명예나 권력과 같은 정신적인 것이든 내려놓기가 쉽지 않다. 소유 자체가 나쁜 것은 아니다. 탐욕스러운 마음이 문제다. 반면에 오온이 공(空)한 것임을 아는 지혜로운 사람이라면, 놓아버릴 줄 안다. 어떻게? 남에게 베푸는 것이다. 베푼다는 것은 놓아버린다는 말과 동의어이다. 물질적으로 정신적으로, 자신의 것으로, 남을 도와주면서 베푸는 삶이 곧 집착을 버리는 삶의 다른 모습인 것이다. 그래서 베풀고 놓아버리는 삶이 집착하고 모으려는 삶보다 더 위대하다.

여기 3.1절에서 설명한 첫 문장은 반야심경의 도입부이지만, 사실 이 문장 하나로 전체 경의 설명은 다 끝났다고 해도 과언이 아니다. 관자재보살의 이후 말씀은 다만 이것을 보충 설명하는 내용일 뿐이다.

3장의 각 절 끝부분에는, 본문과 관련된 초기불교 경전들을 실었다. 자 이제 부처님의 말씀을 직접 들어보자. ■

3.1.4 초기경전 산책1

《무더기 경(/온경)》과 《오취온에 대한 범주(範疇) 경》에서는 다섯 가지 무더기(/집합체)인 오온과 오취온의 정의에 대해 알 수 있다. 세 번째 소개된 《무아의 특징 경》은 부처님이 깨닫기 이전의 옛 동료였던 다섯 명의 비구들에게 설하신 경이다. 이 경을 듣고 다섯 명의 오비구들은 '번뇌가 다한 비구'(아라한)가 되었다.

《무더기 경 / 온경(蘊經)》

(Khandha Sutta) SN 22.48

사왓티에서, 세존께서 말씀하셨다.

"비구들이여, 내가 그대들에게 '다섯 가지 무더기'(오온)와 '다섯 가지 집착-무더기'(오취온)를 가르치겠노라. 귀 기울이여 잘 들으라. 내 말하리라."

"예, 스승님.", 비구들이 대답했다.

세존께서 말씀하셨다.

"자, 비구들이여 무엇이 '다섯 가지 무더기(/집합체)'(오온五蘊)인가?

1) 물질인 것은 무엇이든지, 과거·미래·현재이거나, 안이나 밖이나, 거칠거나 미세하거나, 저열하거나 수승하거나, 멀리 있거나 가까이 있거나(11가지 측면에서), 그것을 '물질의 무더기(/집합체)'(색온色蘊)라고 하느니라.

2) 느낌인 것은 무엇이든지, … 그것을 '느낌의 무더기(/집합체)'(수온受蘊)라고 하느니라.

3) 인식인 것은 무엇이든지, … 그것을 '인식의 무더기(/집합체)'(상온想蘊)라고 하느니라.

4) 마음요소들인 것은 무엇이든지, … 그것을 '마음요소들의 무더기(/집합체)'(행온行蘊)라고 하느니라.
5) 의식인 것은 무엇이든지, … 그것을 '의식의 무더기(/집합체)'(식온識蘊)라고 하느니라.
이것들을 '다섯 가지 무더기(/집합체)'(오온)라고 하느니라.

  그리고, 무엇이 '다섯 가지 **집착-무더기**'(오취온五取蘊)인가?
1) 물질인 것은 무엇이든지, 과거·미래·현재이거나, 안이나 밖이나, 거칠거나 미세하거나, 저열하거나 수승하거나, 멀리 있거나 가까이 있거나(11가지 측면에서), **번뇌가 있고 집착이 있는** 그것을 '물질의 집착-무더기'(색취온色取蘊)라고 하느니라.
2) 느낌인 것은 무엇이든지, … **번뇌가 있고 집착이 있는** 그것을 '느낌의 집착-무더기'(수취온受取蘊)라고 하느니라.
3) 인식인 것은 무엇이든지, … **번뇌가 있고 집착이 있는** 그것을 '인식의 집착-무더기'(상취온想取蘊)라고 하느니라.
4) 마음요소들인 것은 무엇이든지, … **번뇌가 있고 집착이 있는** 그것을 '마음요소들의 집착-무더기'(행취온行取蘊)라고 하느니라.
5) 의식인 것은 무엇이든지, … **번뇌가 있고 집착이 있는** 그것을 '의식의 집착-무더기'(식취온識取蘊)라고 하느니라.
이것들을 '다섯 가지 집착-무더기'(오취온)라고 하느니라."

###

《오취온에 대한 범주(範疇, 분류) 경》
(*Upādānaparipavatta Sutta*) SN 22.56

사왓티에서, 이와 같이 말씀하셨다.

"비구들이여, '다섯 가지 집착-무더기'(오취온五取蘊)가 있느니라. 어떤 다섯 가지인가? 물질의 집착-무더기(색취온), 느낌의 집착-무더기(수취온), 인식의 집착-무더기(상취온), 마음요소들의 집착-무더기(행취온), 의식의 집착-무더기(식취온)이니라.

'다섯 가지 집착 무더기'(오취온)에 대해 4가지 범주를 있는 그대로 완전히 알지 못했다면, 나는 신과 마라와 범천과 함께하는 세상에서, 사문과 바라문들과 군주와 백성들이 함께하는 사람들 속에서, '위없는 바른 깨달음'(아뇩다라삼먁삼보리)을 완전히 깨달았노라고 천명하지 않았을 것이니라. 그러나 다섯 가지 집착 무더기에 대해서 4가지 범주를 있는 그대로 완전히 알았을 때, 나는 신과 마라와 범천과 함께하는 세상에서, 사문과 바라문들과 군주와 백성들이 함께하는 사람들 속에서, '위없는 바른 깨달음'(아뇩다라삼먁삼보리)을 완전히 깨달았노라고 천명하였노라."

"어떻게 해서 (오취온에 대한) 4가지 범주인가?
나는 물질[色]을 완전히 알았고[1.고성제], 물질을 일으키는 것을 완전히 알았고[2.집성제], 물질의 소멸을 완전히 알았고[3.멸성제], 물질의 소멸에 이르는 길을 완전히 알았다[4.도성제].

느낌[受]을 … ….

인식[想]을 … ….

마음요소들[行]을 … ….

나는 의식[識]을 완전히 알았고[1.고성제], 의식을 일으키는 것을 완전히 알았고[2.집성제], 의식의 소멸을 완전히 알았고[3.멸성제], 의식의 소멸에 이르는 길을 완전히 알았다[4.도성제]."

[물질[色]에 대한 정의와 4성제]
 "비구들이여, 무엇이 물질[色]인가?
'네 가지 중대한 요소'(고체적인 요소[地], 액체적인 요소[水], 뜨거운 기운의 요소[火], 바람 기운의 요소[風])와 그리고 '이 네 가지 중대한 요소'(四大사대)에서 파생된 물질, 이것을 일러, 비구들이여, '물질'[色]이라고 하느니라[1.고성제]. 음식이 생겨나기에 물질이 일어난다[2.집성제]. 음식이 소멸하기에 물질이 소멸한다[3.멸성제]. 여기 '성스러운 여덟 가지 길'(팔정도)이 물질의 소멸에 이르는 길이니[4.도성제], 바로 이와 같다. 바른 견해, 바른 생각, 바른 말, 바른 행동, 바른 직업, 바른 정진, 바른 마음챙김, 바른 삼매이니라.
 비구들이여, 어떤 사문이나 바라문이든지 이와 같이 '물질을, 물질을 일으키는 것을, 물질의 소멸을, 물질의 소멸에 이르는 길'을 완전히 알고 나서, 물질에 대해 '염오하기 위해, 탐욕을 떨쳐버리기 위해, 소멸시키기 위해' 수행하는 자들은 수행을 잘하는 사람들이다. 이렇게 수행을 잘하는 사람들은 이 법과 율에서 발판을 얻느니라. (유학의 경지: 예류과, 일래과, 불환과)
 비구들이여, 어떤 사문이나 바라문이든지 이와 같이 '물질을, 물질을 일으키는 것을, 물질의 소멸을, 물질의 소멸에 이르는 길'을 완전히 알고 나서, 물질에 대해 '염오함(넌더리 침), 탐욕을 떨쳐버림, 소멸'로 인하여 집착함이 없이 해탈한 사람들은 잘 해탈한 사람들이다. 이렇게 잘 해탈한 사람들은 완전히 이룬 사람들이다. 완전히 이룬 사람들, 그들에게 천명할 윤회는 없도다."(아라한의 경지)

[느낌[受]에 대한 정의와 4성제]

"비구들이여, 무엇이 느낌[受]인가?
비구들이여, 6가지가 느낌의 틀[體]이다. 눈의 접촉에서 생긴 느낌, 귀의 접촉에서 생긴 느낌, 코의 접촉에서 생긴 느낌, 혀의 접촉에서 생긴 느낌, 몸의 접촉에서 생긴 느낌, 마음의 접촉에서 생긴 느낌이다. 비구들이여, 이를 느낌이라고 한다[1.고성제]. 접촉이 일어나기에 느낌이 일어난다[2.집성제]. 접촉이 소멸하기에 느낌이 소멸한다[3.멸성제]. 여기 '성스러운 여덟 가지 길'이 느낌의 소멸에 이르는 길이니[4.도성제], 바로 이와 같다. 바른 견해, 바른 생각, 바른 말, 바른 행동, 바른 직업, 바른 정진, 바른 마음챙김, 바른 삼매이니라

비구들이여, 어떤 사문이나 바라문이든지 이와 같이 '느낌을, 느낌을 일으키는 것을, 느낌의 소멸을, 느낌의 소멸에 이르는 길'을 완전히 알고 나서, 느낌에 대해 '염오하기 위해, 탐욕을 떨쳐버리기 위해, 소멸시키기 위해' 수행하는 자들은 수행을 잘하는 사람들이다. 이렇게 수행을 잘하는 사람들은 이 법과 율에서 발판을 얻느니라. (유학의 경지: 예류과, 일래과, 불환과)

비구들이여, 어떤 사문이나 바라문이든지 이와 같이 '느낌을, 느낌을 일으키는 것을, 느낌의 소멸을, 느낌의 소멸에 이르는 길'을 완전히 알고 나서, 느낌에 대한 '염오함, 탐욕을 떨쳐버림, 소멸'로 인하여 집착함이 없이 해탈한 사람들은 잘 해탈한 사람들이다. 이렇게 잘 해탈한 사람들은 완전히 이룬 사람들이다. 완전히 이룬 사람들, 그들에게 천명할 윤회는 없도다."(아라한의 경지)

[인식[想]에 대한 정의와 4성제]

"비구들이여, 무엇이 인식[想]인가? 비구들이여, 6가지가 인식의 틀[體]이다. 형색에 대한 인식, 소리에 대한 인식, 향기에 대한 인식, 맛에 대한 인식, 감촉에 대한 인식, 마음대상에 대한 인식이다. 비구들이여, 이를 인식이라고 한다[1.고성제]. 접촉이 일어나기에 인식이 일어난다[2.집성제]. 접촉이 소멸하기에 인식이 소멸한다[3.멸성제]. 여기 '성스러운 여덟 가지 길'이 인식의 소멸에 이르는 길이니[4.도성제], 바로 이와 같다. 바른 견해, … …, 바른 삼매이니라."

… …

… …

[마음요소[行]에 대한 정의와 4성제]

"비구들이여, 무엇이 마음요소들[行]인가? 비구들이여, 6가지가 의도의 틀[體]이다. 형색에 대한 의도, 소리에 대한 의도, 냄새에 대한 의도, 맛에 대한 의도, 감촉에 의한 의도, 마음대상에 대한 의도이다. 비구들이여, 이를 마음요소들이라고 한다[1.고성제]. 접촉이 일어나기에 마음요소들이 일어난다[2.집성제]. 접촉이 소멸하기에 마음요소들이 소멸한다[3.멸성제]. 여기 '성스러운 여덟 가지 길'이 마음요소들의 소멸에 이르는 길이니[4.도성제], 바로 이와 같다. 바른 견해, … … 바른 삼매이니라."

… …

… …

3.1 반야심경의 제목 및 첫 문장

[의식[識]에 대한 정의와 4성제]

"비구들이여, 무엇이 의식[識]인가? 비구들이여, 6가지가 의식의 틀[體]이다. 눈의 의식, 귀의 의식, 코의 의식, 혀의 의식, 몸의 의식, 마음의 의식이다. 비구들이여, 이를 의식이라고 한다[1.고성제]. 정신名과 물질色이 일어나기에 의식이 일어난다[2.집성제]. 정신과 물질이 소멸하기에 의식이 소멸한다[3.멸성제]. 여기 '성스러운 여덟 가지 길'이 의식의 소멸에 이르는 길이니[4.도성제], 바로 이와 같다. 바른 견해, 바른 생각, 바른 말, 바른 행동, 바른 직업, 바른 정진, 바른 마음챙김, 바른 삼매이니라.

비구들이여, 어떤 사문이나 바라문이든지 이와 같이 의식을, 의식을 일으키는 것을, 의식의 소멸을, 의식의 소멸에 이르는 길을 완전히 알고 나서, 의식에 대해 '염오하기 위해, 탐욕을 떨쳐버리기 위해, 소멸시키기 위해' 수행하는 자들은 수행을 잘하는 사람들이다. 이렇게 수행을 잘하는 사람들은 이 법과 율에서 발판을 얻느니라. (유학의 경지: 예류과, 일래과, 불환과)

비구들이여, 어떤 사문이나 바라문이든지 이와 같이 의식을, 의식을 일으키는 것을, 의식의 소멸을, 의식의 소멸에 이르는 길을 완전히 알고 나서, 의식에 대한 '염오함, 탐욕을 떨쳐버림, 소멸'로 인하여 집착함이 없이 해탈한 사람들은 잘 해탈한 사람들이다. 이렇게 잘 해탈한 사람들은 완전히 이룬 사람들이다. 완전히 이룬 사람들, 그들에게 천명할 윤회는 없도다." (아라한의 경지)

###

《무아의 특징 경》
(*Anattalakkhaṇa Sutta*) SN 22.59

이와 같이 나는 들었다. 한때 세존께서 바라나시 이시빠따나의 사슴동산(녹야원)에 머무르고 계셨다. 그곳에서 세존께서는 오비구(부처님의 옛 수행 동료들이었던 다섯 비구들)를 부르셨다. "비구들이여."

"예, 스승님." 비구들은 대답했다.

세존께서는 이와 같이 말씀하셨다.

"비구들이여, 물질[色]은 무아(無我, 내가 아니다)이다. 비구들이여, 만약 물질이 자아라면, 이 물질이 (그대를) 아픔으로 이끌지는 않을 것이다. 그리고 물질에 대해 '나의 물질은 이와 같이 되어라. 나의 물질은 이와 같이 되지 마라'라고 할 수 있을 것이다. 하지만 비구들이여, 물질은 무아이기 때문에, 물질은 아픔으로 이끈다. 그래서 물질에 대해 '나의 물질은 이와 같이 되어라. 나의 물질은 이와 같이 되지 마라'라고 할 수 없다."

"느낌[受]은 무아이다. … …."

"인식[想]은 무아이다. … …."

"마음요소들[行]은 무아이다. … …."

"의식[識]은 무아이다. 비구들이여, 만약 의식이 자아라면, 이 의식이 (그대를) 아픔으로 이끌지는 않을 것이다. 그리고 의식에 대해 '나의 의식은 이와 같이 되어라. 나의 의식은 이와 같이 되지 마라'라고 할 수 있을 것이다. 하지만 비구들이여, 의식은 무아이기 때문에, 의식은 아픔으로 이끈다. 그래서 의식에 대해 '나의 의식은 이와 같이 되어라. 나의 의식은 이와 같이 되지 마라'라고 할 수 없다."

"비구들이여, 이를 어떻게 생각하는가?
물질[色]은 항상한가, 무상한가?"
 "무상합니다, 스승님."
"그렇다면, 무상한 것은 괴로움인가, 즐거움인가?"
 "괴로움입니다, 스승님."
"그렇다면, 무상하고, 괴로움이고, 변하기 마련인 법을 '이것은 나의 것이다. 이것이 나다, 이것이 나의 자아다'라고 보는 것이 옳겠느냐?"
 "그렇지 않습니다, 스승님."
"… 느낌[受]은 항상한가, 무상한가? … … "
"… 인식[想]은 항상한가, 무상한가? … … "
"… 마음요소들[行]은 항상한가, 무상한가? … …"
"… 의식[識]은 항상한가?, 무상한가?"
 "무상합니다, 스승님."
"그렇다면, 무상한 것은 괴로움인가, 즐거움인가?"
 "괴로움입니다, 스승님."
"그렇다면, 무상하고, 괴로움이고, 변하기 마련인 법을 '이것은 나의 것이다. 이것이 나다, 이것이 나의 자아다'라고 보는 것이 옳겠느냐?"
 "그렇지 않습니다, 스승님."

 "그러므로, 비구들이여,
어떤 물질[色]이든지, 그것이 과거·미래·현재의 것이건, 안이나 밖의 것이건, 거칠거나 미세하건, 저열하거나 수승하건, 멀리 있거나 가까이 있건, 모든 물질은 '이것은 나의 것이 아니다. 이것은 내가 아니다. 이것은 나의 자아가 아니다'라고 이와 같이 '있는 그대로' 바른 지혜로 보아야만 하느니라."

"어떤 느낌[受]이든지, … … "
"어떤 인식[想]이든지, … … "
"어떤 마음요소들[行]이든지, … … "
"어떤 의식[識]이든지, 그것이 과거·미래·현재의 것이건, 안이나 밖의 것이건, 거칠거나 미세하건, 저열하거나 수승하건, 멀리 있거나 가까이 있건, 모든 의식은 '이것은 나의 것이 아니다. 이것은 내가 아니다. 이것은 나의 자아가 아니다'라고 이와 같이 '있는 그대로' 바른 지혜로 보아야만 하느니라."

"비구들이여, 이와 같이 보는 잘 배운 성스러운 제자는 물질[色]에 대해 염오하고(넌더리 치고), 느낌[受]에 대해 염오하고, 인식[想]에 대해 염오하고, 마음요소들[行]에 대해 염오하고, 의식[識]에 대해 염오한다. 염오하면서 탐욕을 여읜다. 탐욕을 여의었기 때문에 해탈한다. 해탈했을 때, '해탈했다'는 앎이 있다. '태어남은 다했다. 성스러운 삶을 살았으며, 해야 할 일을 다해 마쳤다. 이 이후로 이러한 존재함(태어남)은 없도다'라고 분명히 아느니라."

세존께서는 이렇게 말씀하셨다. 기쁨에 찬 오비구들은 세존의 말씀을 크게 환희하였다. 이러한 법문이 설해지고 있는 동안에, 오비구들의 마음은 집착함이 없이 번뇌로부터 해탈하였다.

###

3.2 다섯 가지 집합체인 오온은 실체가 없다.
오온의 공성: 색불이공 공불이색...수상행식 역부여시

> <한문>
> 사리자 색불이공 공불이색 색즉시공 공즉시색 수상행식 역부여시
> 舍利子 色不異空 空不異色 色卽是空 空卽是色 受想行識 亦復如是
>
> <한글>
> 사리자여! 색이 공과 다르지 않고 공이 색과 다르지 않으며,
> 색이 곧 공이요 공이 곧 색이니, 수 상 행 식도 그러하니라.
>
> <저자 풀이>
> 사리자여! 물질[色]은 공한 것과 다르지 않고, 공한 것은 물질[色]과
> 다르지 않으며, 물질은 곧 공한 것이요, 공한 것이 곧 물질이니,
> 느낌[受], 인식[想], 마음요소들[行], 의식[識]도 또한 그러하니라.

3.2.1 물질[色]이 곧 공한 것이요, 공한 것이 곧 물질[色]이다.

사리자 색불이공 공불이색 색즉시공 공즉시색
舍利子 色不異空 空不異色 色卽是空 空卽是色

사리자여! 물질[色]은 공한 것과 다르지 않고, 공한 것은 물질[色]과 다르지 않으며, 물질은 곧 공한 것이요, 공한 것이 곧 물질이니라.

지금부터는, '사리불 존자'(사리자)가 관자재보살에게 여쭈었던 질문에 대해, 관자재보살이 대답하시는 부분이다. 여기에서 사리불 존자의 질문이 무엇이었는지 다시 한번 상기해 보도록 하자.

"깊은 반야바라밀다(般若波羅蜜多, 지혜의 완성) 수행을 배우고자 하는 선남자 선여인은 어떻게 수행해야 합니까?"

사리불 존자의 이 질문은 현장 스님의 《반야심경》 번역본에는 생략되어 있다. 그러나 다른 본에는 경이 설해진 장소와 배경에 대한 설명이 나와 있다. 이 질문에 대한 관재자보살님의 대답이 바로 우리가 독송하는 반야심경의 내용이라는 사실을 알았다면, 이제부터 더 생동감 있게 반야심경을 이해할 수 있을 것이다. 자, 우리 모두 질문자인 '사리불 존자'(사리자)의 입장이 되어, 관자재보살님의 대답에 귀를 기울여 보도록 하자.

'사리자 색불이공 공불이색'(舍利子 色不異空 空不異色)이라는 말씀은 '사리자여! 물질[色]은 공한 것과 다르지 않고, 공한 것은 물질[色]과 다르지 않다'는 뜻이다.

사리자(舍利子)는 부처님의 제일 뛰어난 제자인 사리뿟따(Skt, *sāriputra*, Pāli *sāriputta*) 존자의 한역 표기이다. 이렇게 관자재보살은 주위를 환기시키려고 '사리자여!'라고 이름을 부르셨다. 그 다음에 이어지는 말씀을 자세히 설명하면 다음과 같다.

"사리자여, 내가(관자재보살) '지혜의 완성'(반야바라밀다)을 위해 수행할 때, 물질을 세심하게 관찰해 보니 결국 공한 것과 다르지 않다는 사실을 알게 되었느니라. 삼매를 통해, 아주 미세한 물질적 요소들이 나타났다가[生] 사라지는[滅] 것을 관찰하였다. 어떤 것은 나타나고, 어떤 것은 그 상태를 유지하며 머물고, 어떤 것은 사라지며, 어떤 것은 동일한 그 짧은 사이에 나타났다가 금세 사라지는 것도 관찰할 수 있었다. 결국 물질은 나타났다가 사라지기를 반복하는 연속적인 흐름에 불과했다. 그래서 실체가 정해진 어떤 물질이 있다고 말할 수 없었다. 또한 역으로 물질적 요소가 사라진 상태라고 하는 것이 아무것도 없는 공한 것이 아니었다. 왜냐하면, 아무것도 없는 비었다고 생각했던 공한 상태에서 다시 찰나 간에 물질적 요소가 나타나는 것을 보았기 때문이다. 그러니 아무것도 없는 공한 상태가 '아예 없는 것이 아니라' 물질적인 요소로 나타날 수 있는 상태라는 것을 알았다. 그래서 공한 것이 물질과 다르지 않음을 알게 되었느니라. 사리자여, 나에게 '물질은 곧 공한 것이요, 공한 것이 곧 물질이다'라는 지혜가 생겨났다."

그래서 《반야심경》에서 관자재보살은 바로 연이어, '색즉시공 공즉시색'(色卽是空 空卽是色), '물질은 곧 공한 것이요, 공한 것이 곧 물질이니라'라고 다시 정리해서 말씀하시고 있다.

3.2.2 왜 '공'이라고 하지 않고, '공하다'라고 해석했나?
(공은 '없다'가 아니며, 공도 실재하는 것이 아니다.)

《반야심경》의 산스크리트 원본에 나오는 '공(空)'에 해당하는 단어는 모두 '공성(空性, śūnyatā)'이라는 단어로 나온다. 이 단어는 공(空, śūnya)한 성질(性, -tā)이라는 뜻이다. 전혀 없다는 영(零, 0)의 뜻이 아니다. 공한 특성, 그러니까 어떤 정해진 '실체가 없다'는 것을 의미하는 것이다. 그래서 '공한 것'에서 물질이 나타났다 사라지기도 하고, 느낌이 나타났다 사라지기도 하고, 인식작용이 나타났다가 사라지기도 하고, 마음요소가 나타났다 사라지기도 하고, 의식 작용이 나타났다가 사라지기도 한다. 그렇다고 '공'이 실재하는 것이냐 하면 공도 실재하는 것이 아니다. 물질적인 것을 우리가 일시적으로 물질이라고 착각하듯이, 일시적으로 '공한 것'을 '공'이라고 착각할 뿐이다. 그래서 '공'이라고 단정 지어 말하지 않고 '공한 것', '공한 특성의 것', '공한 성질의 것', '공한 상태'라고 관자재보살은 말씀하고 있다.

3.2 다섯 가지 집합체인 오온은 실체가 없다   75

다른 《반야심경》 한역본에서는 모두 '공성(空性)'이라고 두 글자로 정확하게 한역하였다. 현장 스님은 이를 다만 '공'이라는 한 글자로 압축했지만, 우리가 읽고 이해할 때는, 그것을 '공한 것', '공한 특성의 것'이라고 알아야 한다.

3.2.3 느낌, 인식, 마음요소들, 의식도 또한 공하다.
수상행식 역부여시
受想行識 亦復如是
느낌[受], 인식[想], 마음요소들[行], 의식[識]도 또한 그러하니라.

계속해서 관자재보살은 설명하신다.
 "지혜를 완성(반야바라밀다)을 위해서, 물질[色]을 관찰했을 때와 마찬가지로, 나는 오온 가운데 느낌[受], 인식[想], 마음요소들[行], 의식[識]에 대해서도 관찰해보았노라. 역시 이것들도 마찬가지였다.
'느낌[受]은 공한 것과 다르지 않고, 공한 것은 느낌과 다르지 않으며, 느낌[受]은 곧 공한 것이요, 공한 것이 곧 느낌이다.',
…, '인식[想]은 곧 공한 것이요, 공한 것이 곧 인식이다.',
…, '마음요소들[行]은 곧 공한 것이요, 공한 것이 곧 마음요소들이다.',
'의식[識]은 공한 것과 다르지 않고, 공한 것은 의식과 다르지 않으며, 의식[識]은 곧 공한 것이요, 공한 것이 곧 의식이니라.'"

3.2.3 오온 사이의 상호관계
 여기 사과가 있다. 사과는 물질[色]이고, 사과를 보는 눈[眼]도 물질[色]이다. 깜깜하게 어둡다가, 적당한 밝기의 빛이라는 조건이 갖춰지면, 사과와 눈이라는 것을 조건으로 이 둘 사이에서 물체를 감지하는 '눈의 의식'[眼識]이 일어난다. 칠흑같이 어둡다면, 눈의 의식은 일어날 수 없다. 맹인에게도 눈의 의식은 일어날 수 없다. 우리의 시야에 어떤 물체가 들어오고 '눈'과 '물체'와 '눈의 의식'이라고 하는 이 셋 사이의 접촉(정보교류)에 의해, 눈의 망막에 무언가가 맺힌다. 그 정보가 우리의 기억 속의 있는 어떤 표상과 일치하는지 구별하는 것이 인식[想]작용이다.

이 경우에는 형태나 색깔이기 때문에, 소리, 냄새, 맛, 감촉, 마음대상 등의 정보가 아니라, 모양이나 색깔의 표상 정보를 비교해서 구별해 알아낸다. 그래서 사과가 붉다면, '붉은색'의 색깔 정보와 '사과'라는 물체에 대한 지금까지 경험으로 축적된 표상 정보와 대상을 비교한다. 2차원 평면의 그림이 아니라 3차원 공간의 물체라는 거리와 공간 정보를 종합해서 실물 크기의 '붉은 사과'라고 '구별할 수 있는'(recognize) 것은 인식[想]의 작용이며, '눈의 의식'[眼識]은 다만 '보는'(see) 작용을 하는 것이다.

'사과를 물에 씻어서 먹어야지'라는 생각이 일어났다면, 이것은 '의도'(cetanā)가 일어난 것이며, 의도는 마음요소들[行] 가운데 하나이다. 물에 사과를 씻으면서 귀로 듣는 뽀드득 소리를 듣고[耳識, 귀의 의식] 손에 닿는 감촉을 느끼며[身識, 몸의 의식] 즐거운 기분이 들었다면, 이는 즐거운 느낌[受]이 일어난 것이다.

위의 예에서 알 수 있듯이, 정신작용에 해당하는 느낌[受], 인식[想], 마음요소들[行], 의식[識]은 제각각 따로따로 작용하는 것이 아니라, 순서를 바꿔가며 아주 짧은 시간에 함께 일어났다가 사라졌다가를 반복한다. 다섯 가지 집합체인 오온의 각각이 '공한 특성'을 갖는다는 사실을 알

3.2 다섯 가지 집합체인 오온은 실체가 없다   77

앉다면, 당연히 '오온으로 이루어진' 우리의 몸과 외부 세계의 것들 그리고 정신적인 것들까지 모두 '공한 특성'을 가질 수밖에 없다.

3.2.4 의식은 자아가 아니다

흔히 우리가 착각하기 쉬운 것은 오온 가운데 의식[識]을 '자아'라고 여기는 것이다. 왜냐하면, 눈, 귀, 코, 혀, 몸, 마음이라는 감각기관이 형색, 소리, 냄새, 맛, 감촉, 마음대상('사상이나 관념')이라는 대상과 접촉할 때 일어나는 의식들[識]은 연속적으로 일어났다가 사라졌다 하기 때문에, 하나의 살아있는 그 무엇으로 착각하기 쉽다. 그리고 또한 이러한 의식들은 오온의 다른 요소들인 느낌[受], 인식[想], 마음요소들[行]과 인지할 수 없을 정도로 아주 빨리 실시간으로 정보를 주고받으며 상호작용하기 때문에, '우리가 알고 느끼는 모든 것들이 항상 의식[識] 속에 있다'라고 생각하기 쉽다. 그래서 더욱더 우리는 의식을 '나'라고 착각한다. 이와 관련된 내용은 아래 소개한 초기경전 산책의 두 번째 경인 《갈애 멸진의 긴 경》에서 확인할 수 있다. ■

3.2.5 초기경전 산책2

《거품덩어리 비유 경》

(Pheṇapiṇḍūpama Sutta) SN 22.95

한때 세존께서 갠지스 강변에 있는 아윳자에 머무르고 계셨다. 그곳에서 세존께서 비구들에게 말씀하셨다.

[거품덩어리의 비유 - 물질]

"비구들이여, 예를 들면, 이 갠지스강이 큰 거품덩어리를 일으킨다고 하자. 바로 그것을 시력이 좋은 사람이 보고, 정밀하게 보고, 면밀히 조사한다고 하자. 그것을 보고, 정밀하게 보고, 면밀히 조사했기 때문에, 그에게 거품덩어리는 비어서 없고, 공허하고, 실체가 없는 것으로 보일 것이다. 비구들이여, 어찌 거품덩어리에 실체가 있겠는가?

이와 같이 실로, 비구들이여, 어떤 물질[色]이든지, 과거·미래·현재의 것이건, 안이나 밖의 것이건, 거칠거나 미세하건, 저열하거나 수승하건, 멀리 있거나 가까이 있건, 비구는 그것을 보고, 정밀하게 보고, 면밀히 조사한다. 그것을 보고, 정밀하게 보고, 면밀히 조사했기 때문에, 그에게 물질[色]은 비어서 없고, 공허하고, 실체가 없는 것으로 보일 것이다. 비구들이여, 어찌 물질에 실체가 있겠는가?"

[물거품의 비유 - 느낌]

"비구들이여, 예를 들면, 가을에 큰 빗방울을 머금은 구름에서 비가 내릴 때, 물 표면에서 물거품이 일어났다가 사라진다. 바로 그것을 시력이 좋은 사람이 보고, 정밀하게 보고, 면밀히 조사한다고 하자. 그것을 보고, 정밀하게 보고, 면밀히 조사했기 때문에, 그에게 물거품은 비어서 없고, 공허하고, 실체가 없는 것으로 보일 것이다. 비구들이여, 어찌 물거품에 실체가 있겠는가?

이와 같이 실로, 비구들이여, 어떤 느낌[受]이든지, 과거·미래·현재의 것이건, 안이나 밖의 것이건, 거칠거나 미세하건, 저열하거나 수승하건, 멀리 있거나 가까이 있건, 비구는 그것을 보고, 정밀하게 보고, 면밀히 조사한다. 그것을 보고, 정밀하게 보고, 면밀히 조사했기 때문에, 그에게 느낌[受]은 비어서 없고, 공허하고, 실체가 없는 것으로 보일 것이다. 비구들이여, 어찌 느낌에 실체가 있겠는가?"

[신기루의 비유 – 인식]

"비구들이여, 예를 들어, 여름의 마지막 달의 한낮 정오에는 신기루가 어른거린다. 바로 그것을 시력이 좋은 사람이 보고, 정밀하게 보고, 면밀히 조사한다고 하자. 그것을 보고, 정밀하게 보고, 면밀히 조사했기 때문에, 그에게 신기루는 비어서 없고, 공허하고, 실체가 없는 것으로 보일 것이다. 비구들이여, 어찌 신기루에 실체가 있겠는가?

이와 같이 실로, 비구들이여, 어떤 인식[想]이든지, 과거·미래·현재의 것이건, 안이나 밖의 것이건, 거칠거나 미세하건, 저열하거나 수승하건, 멀리 있거나 가까이 있건, 비구는 그것을 보고, 정밀하게 보고, 면밀히 조사한다. 그것을 보고, 정밀하게 보고, 면밀히 조사했기 때문에, 그에게 인식[想]은 비어서 없고, 공허하고, 실체가 없는 것으로 보일 것이다. 비구들이여, 어찌 인식에 실체가 있겠는가?"

[바나나 나무속의 비유 – 마음요소들]

"비구들이여, 예를 들면, 나무속(단단한 중앙)을 구하는 사람이, 나무속을 찾기 위해 예리한 도끼를 들고 돌아다니다가 숲속으로 들어갔다고 하자. 그는 거기서 곧으며, 싱싱하고, 키가 큰 바나나 줄기를 발견한다. 그는 그 뿌리를 자르고, 그런 후에 (반대편) 나무 끝 부분도 잘라낸다. 그러고 나서 나무껍질을 벗겨낸다. 껍질을 벗겨내면서, 그는 연한 목재조차도 얻어내지 못할 것이다. 하물며 나무속(단단한 중앙)은 말해 무엇하랴! 바로 그것을 시력이 좋은 사람이 보고, 정밀하게 보고, 면밀히 조사한다고 하자. 그것을 보고, 정밀하게 보고, 면밀히 조사했기 때문에, 그에게 바나나 나무는 비어서 없고, 공허하고, 실체가 없는 것으로 보일 것이다. 비구들이여, 어찌 바나나 나무에 실체가 있겠는가?

이와 같이 실로, 비구들이여, 어떤 마음요소들[行]이든지, 과거·미래·현재의 것이건, 안이나 밖의 것이건, 거칠거나 미세하건, 저열하거나 수승하건, 멀리 있거나 가까이 있건, 비구는 그것을 보고, 정밀하게 보고, 면밀히 조사한다. 그것을 보고, 정밀하게 보고, 면밀히 조사했기 때문에, 그에게 마음요소들[行]은 비어서 없고, 공허하고, 실체가 없는 것으로 보일 것이다. 비구들이여, 어찌 마음요소들에 실체가 있겠는가?"

[마술사의 비유 – 의식]

"비구들이여, 예를 들면, 마술사와 그의 제자가 사거리 대로에서 마술 공연을 하고 있다고 하자. 바로 그것을 시력이 좋은 사람이 보고, 정밀하게 보고, 면밀히 조사한다고 하자. 그것을 보고, 정밀하게 보고, 면밀히 조사했기 때문에, 그에게 마술은 비어서 없고, 공허하고, 실체가 없는 것으로 보일 것이다. 비구들이여, 어찌 마술에 실체가 있겠는가?

이와 같이 실로, 비구들이여, 어떤 의식[識]이든지, 과거·미래·현재의 것이건, 안이나 밖의 것이건, 거칠거나 미세하건, 저열하거나 수승하건, 멀리 있거나 가까이 있건, 비구는 그것을 보고, 정밀하게 보고, 면밀히 조사한다. 그것을 보고, 정밀하게 보고, 면밀히 조사했기 때문에, 그에게 의식[識]은 비어서 없고, 공허하고, 실체가 없는 것으로 보일 것이다. 비구들이여, 어찌 의식에 실체가 있겠는가?"

"비구들이여, 이와 같이 보는 잘 배운 성스러운 제자는 물질[色]에 대해 염오하고(넌더리 치고), 느낌[受]에 대해 염오하고, 인식[想]에 대해 염오하고, 마음요소들[行]에 대해 염오하고, 의식[識]에 대해 염오한다. 염오하면서 탐욕을 여읜다. 탐욕을 여의었기 때문에 해탈한다. 해탈했을 때, '해탈했다'는 앎이 있다. '태어남은 다했다. 성스러운 삶을 살았으며, 해야 할 일을 다해 마쳤다. 이 이후로 이러한 존재함(태어남)은 없도다'라고 분명히 아느니라."

세존께서는 이렇게 말씀하셨다. 이렇게 말씀하시고 나서, 선서(善逝, 저 언덕으로 잘 가신 분, 부처님)이신 스승께서는 다시 이와 같이 말씀하셨다.

"물질[色]은 거품덩어리와 같고, 느낌[受]은 물거품과 같고,
인식[想]은 신기루와 같고, 마음요소들[行]은 바나나 나무와 같고,
의식[識]은 마술과 같다고 '태양의 후예'(여래)는 설하노라.

그것을 면밀히 바라보고, 정밀하게 보고, 면밀히 조사해보면 볼수록,
그런 사람에게는 비어서 없고, 공허하도다.

이 몸에 대해서 광대한 지혜로써
세 가지 버려지는 법들을 설하노니, 버려진 물질(몸)을 보아라.
'생명, 온기, 의식'이 몸을 떠날 때,

(몸은) 멀리 내버려져 잠자듯 누워 있고,
다른 것들의 음식이 될 뿐, 의지조차 없는 것이로다.

이러한 이것은 계속되는 것이며,
이 마술은 어리석은 이를 속이는 자이며,
이것은 살인자라고 불리나니, 여기에 실체는 없노라.

열심히 정진하는 비구는 밤이건 낮이건,
알아차리고 마음챙김하면서,
이와 같이 오온(五蘊)을 관찰해야 하느니라.

모든 속박을 버려라.
자기 자신을 의지처로 삼아라.
머리에 불이 붙은 것처럼 수행하라.
'떨어지지 않는 경지'(열반)를 위해서!"
###

《갈애 멸진의 긴 경》
(*Mahatanhasankhaya Sutta*) M38

이와 같이 나는 들었다. 세존께서는 사왓티에 있는 제따 숲의 급고독원에 머무르고 계셨다. 그때 어부의 아들이었던 '사띠'라는 비구에게 이와 같은 나쁜 견해가 일어났다. '내가 세존께서 설하신 법을 이해하기로는, 바로 이 의식[識]이 계속 이동하고 윤회하는 것이지, 다른 것이 아니다.'

… …

… …

세존께서 사띠에게 물으셨다.

"사띠여, 너에게 다음과 같은 나쁜 견해가 일어났다는 것이 정말로 사실인가? '내가 세존께서 설하신 법을 이해하기로는, 바로 이 의식[識]이 계속 이동하고 윤회하는 것이지, 다른 것이 아니다.'"

"네, 그렇습니다, 스승님. 제가 세존께서 설하신 법을 이해하기로는, 바로 이 의식[識]이 계속 이동하고 윤회하는 것이지, 다른 것이 아닙니다."

"사띠여, 어떤 것이 의식[識]인가?"

"스승님, 말하고 느끼고 여기저기에서 좋고 나쁜 행위(업)의 결과를 경험하는 것이 의식입니다."

"이 바보 같은 이여, 내가 그 누구에게 그런 식으로 법을 가르쳤다고 이해하는 것이냐? 바보 같은 이여, '조건이 일어날 때 의식[識]이 생겨나고, 조건이 없으면 의식의 일어남도 없다'라고 여러 가지 방법으로 설하지 않았더냐? 그러나, 이 바보 같은 이여, 그대는 스스로 잘못 이해해서, 우리를 비방하고, 스스로 구덩이를 파고, 많은 허물을 만들었도다. 이 바보 같은 이여, 그것(잘못된 견해를 가지는 것)은, 그대를 긴 해로움과 고통으로 이끌 것이니라."
… …
… …

"비구들이여, 의식[識]은 그것이 일어나는 조건에 따라, 이름이 붙는다. 눈眼과 형색色을 조건으로 식識이 일어나며, 이를 '눈의 의식'[眼識]이라고 한다. 귀耳와 소리聲를 조건으로 식이 일어나며, 이를 '귀의 의식'[耳識]이라고 한다. 코鼻와 냄새香를 조건으로 식이 일어나며, 이를 '코의 의식'[鼻識]이라고 한다. 혀舌와 맛味을 조건으로 식이 일어나며, 이를 '혀의 의식'[舌識]이라고 한다. 몸身과 감촉대상觸을 조건으로 식이 일어나며, 이를 '몸의 의식'[身識]이라고 한다. 마음意과 마음대상(관념·생각, 法)을 조건으로 식이 일어나며, 이를 '마음의 의식'[意識]이라고 하느니라."

"예를 들면, 비구들이여, 불은 그것이 일어나는 조건에 따라, 이름이 붙는다. 장작을 조건으로 불이 타면, 장작불이라고 한다. 잔가지를 조건으로 불이 타면, 잔가지불이라고 한다. 섶(풀)을 조건으로 불이 타면, 섶불이라고 한다. 소똥을 조건으로 불이 타면, 소똥불이라고 한다. 왕겨를 조건으로 불이 타면, 왕겨불이라고 한다. 쓰레기를 조건으로 불이 타면, 쓰레기불이라고 하느니라."

"이와 같이, 비구들이여, 의식[識]은 그것이 일어나는 조건에 따라, 이름이 붙여진다. 눈眼과 형색色을 조건으로 식識이 일어나며, 이를 '눈의 의식'[眼識]이라고 한다. 귀耳와 소리聲를 조건으로 식이 일어나며, 이를 '귀의 의식'[耳識]이라고 한다. 코鼻와 냄새香를 조건으로 식이 일어나며, 이를 '코의 의식'[鼻識]이라고 한다. 혀舌와 맛味을 조건으로 식이 일어나며, 이를 '혀의 의식'[舌識]이라고 한다. 몸身과 감촉대상觸을 조건으로 식이 일어나며, 이를 '몸의 의식'[身識]이라고 한다. 마음意과 마음대상(관념·생각, 法)을 조건으로 식이 일어나며, 이를 '마음의 의식'[意識]이라고 하느니라."
… …
… …
###

3.3 모든 법은 공하여, 나지도 멸하지도 않는다

> <한문>
> 사리자 시제법공상 불생불멸 불구부정 부증불감
> 舍利子 是諸法空相 不生不滅 不垢不淨 不增不減
>
> <한글>
> 사리자여! 모든 법은 공하여 나지도 멸하지도 않으며,
> 더럽지도 깨끗하지도 않으며, 늘지도 줄지도 않느니라.
>
> <저자 풀이>
> 사리자여! 모든 현상세계는 공한 모습일 뿐,
> 생겨나는 것도 아니고 멸하는 것도 아니며,
> 더러운 것도 아니고 깨끗한 것도 아니며,
> 늘어나는 것도 아니고 줄어드는 것도 아니니라.

3.3.1 모든 현상세계는 공한 모습일 뿐, 생겨나는 것도 아니고 멸하는 것도 아니며, … .

사리자 시제법공상 불생불멸 불구부정 부증불감
舍利子 是諸法空相 不生不滅 不垢不淨 不增不減

관세음보살께서 다시 "사리자여!"라고 부르고 있다. 주의를 환기시키는 이유는, 앞의 말씀과 다른 관점에서 하시는 말씀이기 때문이다.

시제법공상(是諸法空相)에서 '제법'(諸法)은 모든 현상세계의 것들을 말하며, 결국 다섯 가지 집합체인 오온(물질, 느낌, 인식, 마음요소들, 의식)

에서 파생된 모든 것들을 말한다. 그러므로 오온으로 형성된 현상세계의 모든 것들이 사실은 '공한 모습'일 뿐이라는 말씀이다.

그런데, 끊임없이 변하는 세계 속에서 '어떤 것이 확정된 물질이다'라거나, '어떤 것이 확정된 공(空)이다'라고 말할 수 있겠는가? 엄밀하게 말해서, '어떤 것이 생겨난다'라거나 '어떤 것이 멸한다'라고 말하는 것이 옳은 것인가? 이러한 공한 것의 모습, 공의 실상을 어떻게 하면 언어로 잘 표현할 수 있을까?

관자재보살께서 '공한 모습'(공상空相)을 깔끔하게 이렇게 한마디로 정리하셨다.
사리자여! 모든 현상세계는 공한 모습일 뿐,
생겨나는 것도 아니고 멸하는 것도 아니며,
더러운 것도 아니고 깨끗한 것도 아니며,
늘어나는 것도 아니고 줄어드는 것도 아니니라.

'공하다'는 것은 어떤 상태가 고정된 성질을 유지할 수 없고 변한다는 것을 의미한다. 실체를 상정할 수 없다는 뜻이다. 우리는 어떤 것이 일어나거나 또는 사라질 때, 어느 한 시점에 드러난 현상에 '집착하기 때문에' 그것이 생겨났다(있다)거나 멸했다(없다)고 생각하기 쉽다. 그리고 거기에 개념적인 이름을 붙인다. 이름을 붙임으로써 일시적인 것을 실체화시켜 버린다. 그러나 조건에 따라 일어나기도 하고 멸하기도 하는 것이지, 어떤 실체가 생겨나거나 멸하는 것이 아니다. 그렇기 때문에 '생겨나는 것도 아니며, 멸하는 것도 아니다'라고 말씀하시는 것이다.

3.3 모든 법은 공하여, 나지도 멸하지도 않는다   89

피상적인 모습	물질이 사라지는 경우	물질이 생겨나는 경우	원인
무지한 사람	↘ 멸했다 (없다)	↗ 생겨났다 (있다)	현상에 집착함.
'공(空)하다'고 아는 사람	색즉시공 (물질이 공한 상태가 될 수 있구나)	공즉시색 (공한 상태에서 물질이 생겨날 수 있구나)	변화에서 이치를 봄.
	불멸 (실은, 멸하는 것이 아니다)	불생 (실은, 생겨나는 것이 아니다)	공한 것의 모습을 표현함.

3.3.2 현상세계를 바라보는 관점을 향상시켜 보자.

관자재보살께서 설하신 '공의 모습'은 우리가 삶 속에서 어떠한 마음가짐으로 생활해야 하는지를 보여 준다.

[생사를 받아들이는 자세]

존재들은 태어나고 죽는다. 가족 구성원 가운데 누군가 태어나면 기쁘다. 누군가 죽는다면 슬픔에 빠질 것이다. 인간으로서 기쁘거나 슬픈 감정을 느끼는 것은 당연하다. 그러나 너무 기뻐하거나 너무 슬픔에 빠지지 말자. 너무 기뻐하는 것은 즐거운 느낌과 행복한 마음에 집착하여 사로잡힌 것이다. 너무 슬픔에 빠지는 것 역시 괴로운 느낌과 슬픈 마음에 집착하여 사로잡힌 것이다. 만약 제3자의 입장에서 자신의 마음을 관찰할 수 있다면, 자신의 감정을 조절할 수 있다. 담담해지자. 일어났다가 사라지는 바다의 파도를 바라보면서, 매번 기뻐하거나 슬퍼하지 않듯이.

'생겨난다-멸한다', '깨끗하다-더럽다', '증가한다-감소한다', '옳다-그르다', '희다-검다', '높다-낮다' 등 상대적 개념들 역시 조건에 따라 형성된 것들이다. 그래서 실재한다고 할 수 없다. 그러나 또한 중요한 것은 대립하는 그 상대가 없으면, 서로 설 자리를 잃어버린다는 것이다. 그런 면에서 서로 반대되지만, 서로 존중해야 하는 정말 **'신비스러운 관계'** 인 것이다.

[누가 옳고, 누가 그른가?]
만약 어느 회사의 경영진이 자신들의 이익을 극대화하기 위해 근로자의 편의 시설이나 월급을 삭감하기로 했다고 하자. 이것은 이윤을 추구하는 경영진에게는 옳은 결정일 수 있다. 그러나 근로자에게는 옳지 못한 최악의 결정이 될 것이다. 이런 상황에서, 그 누가 열심히 그리고 행복하게 일을 할 수 있겠는가? 머지않아 제품의 품질이나 서비스가 현저하게 떨어질 것이다. 그리고 회사의 이익은 오히려 감소할 것이다.
반대로 경영진의 경제자료 분석 결과, 세계 경제가 침체할 것이며, 회사도 어려워질 수 있다는 점을 경영진과 근로자들이 모두 알고 있다고 하자. 그런데 근로자 측에서 오히려 무리한 임금인상을 요구하면 어떻게 되겠는가? 근로자들에게는 좋고 옳은 결정일지 모르지만, 경영진들에게는 최악의 결정이 될 것이다. 근로자들이 이 뜻을 관철한다면, 경영진은 국내의 사업장을 외국으로 옮기거나, 공장을 닫거나, 공장을 자동화시킬 수밖에 없을 것이다. 결국, 누군가는 설 자리를 잃고 말 것이다.

'옳다-그르다'라는 것이 원래 구분되어 있는 것이 아니라, 자신의 이익에 따라 '옳다-그르다'가 결정되고 만다.

자연계에서도 우리가 인식하는 이러한 종류의 상대적인 개념이 있기는 하지만, 인간 세상에서 일어나는 상대적인 개념이 훨씬 심각한 문제를 발생시키는 이유는 바로 인간의 '탐욕' 때문이다.

어느 한쪽이 자신의 이익만을 위해서 '옳다고 집착'하여 고집하는 경우, 문제가 발생하기 쉽다. 한쪽이 자신의 견해가 옳다고 집착하면 할수록, '옳다-그르다'는 간격은 더욱더 커진다. 상대는 더욱더 틀린 것이 되고, 괴로울 수밖에 없다. 그리고 갈등이 고조되고 해결되지 않으면, 결국 번창하던 회사가 몰락하거나, 없어질 수도 있다. 그렇게 되면, 어디에다 '옳다-그르다'라는 주장을 세울 것인가?

'번창한다-쇠퇴한다', '옳다-그르다', '경영진-근로자'라는 개념 속에서도, 현재 상황을 가능한 한 '있는 그대로 볼 줄 아는' 사람들이 많다면 어떻게 될까?

이익만을 추구하는 협상 테크닉이나 협박과 같은 탐욕스러운 방법을 내려놓고, 주변 상황을 면밀히 차근차근 관찰한 후에, 정말 '나에게도 이롭고, 남에게도 이로운' 방법을 찾으려고 노력할 것이다.

왜냐하면, '자기만 옳다'라고 하는 집착으로 인해, 상대방이 느낄 괴로움의 크기와 다시 자신에게 언젠가는 부메랑처럼 되돌아올 괴로움의 크기를 잘 알고 있기 때문이다.

이러한 '세계관의 변화'는 사회 구성원 모두가 공유할 때, 그 효과가 있다. 어느 한쪽이 전혀 다른 세계관을 가지고 있다면, 문제 해결을 위해 더 많은 시간과 노력이 필요할 것이다. 그러나 50대 50의 해결책을 찾으려는 생각은 이상주의에 가까운 것이며, 오히려 더 자연스럽지 못하다. 때로는 30대 70이 될 수도 있고, 반대로 80대 20이 될 수도 있다. 어느 정도의 협상이나 절충이 필요한 이유이다. 대립하고 있는 듯이 보이지만, 묘하게도 서로가 상호의존관계에 있는 구성원들이 만약 지혜(智慧)를 갖추고 있다면, 문제 해결을 위해 에너지를 낭비하지 않고, 더 현명한 해결책을 찾을 수 있을 것이다.

인간은 누구나 지혜를 가지고 있다. 종교를 떠나 '지혜의 완성'을 위한 수행을 해보자. 관찰하고, 관찰하고, 또 관찰하는 것이다. 그리고 통찰(洞察)하는 것이다. ■

3.3.3 초기경전 산책3

《열반과 관련된 경1》

(*Paṭhamanibbānapaṭisaṃyutta Sutta*) KN *Udāna* 8.1

이와 같이 나는 들었다. 한때 세존께서 사왓티에서 제따 숲의 급고독원에 머무르고 계셨다. 그때 세존께서는 비구들에게 열반과 관련된 법문으로 비구들을 가르치시고, 용기를 북돋아 주시고, 열의가 솟아나게 하시고, 기쁨에 차게 하시었다. 그 비구들은 목적의식을 갖고, 주의를 기울이고, 모든 마음을 집중하여, 귀를 기울여 법을 듣고 있었다. 그리고 세존께서는 이런 진지함을 아시고, 이때 이러한 감흥어를 읊으셨다.

"비구들이여, 이런 세계가 있다.
거기에는 땅도 없고, 물도 없고,
불도 없고, 바람도 없다.
공무변처도 없고, 식무변처도 없고,
무소유처도 없고, 비상비비상처도 없다.
이 세상도 없고, 저 세상도 없고, 해와 달도 없다.
비구들이여, 나는 말하노니,
거기에는 오는 것도 없고, 가는 것도 없고, 머무름도 없고,
죽음도 없고, 태어남도 없으며,
안주(安住)함 없고, 윤회함도 없으며, 상대할 대상조차도 없다.
이것이 바로 괴로움[苦]의 끝이니라."

###

《끼사고따미》

(*Kisāgotamītherīgāthāvaṇṇanā*, '끼사고따미 장노니게 해설') KN ThigA.x.1

… …

　이분(끼사고따미 장노니)은 실로 빠두무따 세존 시대에 항싸와띠 도시의 가문에서 태어났다. 다 자라 성년이 된 어느 날 세존 앞에서 세존의 법문을 들었다. 그녀는 '남루한 가사를 입고 있으나 으뜸가는 지위에 있던 비구니'를 보고, 부러워하고는 그러한 지위를 소망했다.

　그녀는 수천 겁 신과 인간을 윤회하다가 이곳 (석가모니) 부처님이 출현한 사왓티에서, 참으로 가난한 가문에 태어났다. 그리고 '고따미'라는 이름을 가지게 되었다. 초췌한 몸 때문에 '끼사(깡마른)-고따미'라고 불리었다. 시집간 시댁은 가난한 (집에서 시집온) 그녀를 괄시했다. 그러나 그녀가 아들을 낳자, 아들을 낳은 연유로, 그녀를 환대해 주었다. 그런데 아들은 재롱을 떨 나이에 죽어버렸다. 아들의 죽음으로 인해 그녀는 밖으로 나가 방황하더니, 그것으로 인해 그녀에게 슬픔과 광란이 일어났다.

　그녀는 '내가 이전에 괄시를 받아왔다가, 아들이 태어난 이후로는 환대를 받았다. 이들(집안사람들)은 내 아들을 밖에 버리려고 하고 있다'라고 슬픔과 광란에 압도되어 죽은 시체를 가슴에 안고서, "내 아들에게 약을 주세요"라며 집집마다 차례대로 온 시내를 돌아다녔다. 사람들은 "약이 어디 있단 말인가?"라며 조롱했다. 그녀는 그들에게서 그 어떤 것도 얻지 못했다.

　그런데 어떤 지혜로운 사람이 '이 여인은 아들을 잃은 슬픔 때문에 미쳐버렸다. 십력(十力)을 갖춘 부처님은 이 사람을 위한 약을 알고 있으리라'라고 마음속으로 생각하고는, "여인이여, 그대의 아들을 위해, 정등각이신 부처님께 가서 여쭈시오"라고 말해 주었다.

그녀는 세존께서 미묘한 법문을 설하시는 거처에 가서는, "내 아들에게 약을 주소서, 세존이시여!"라고 말씀드렸다.

세존께서는 그녀의 근기(가능성)를 보시고, 말씀하셨다.

"시내로 가거라. 시내로 들어가서는, 전에 그 누구도 죽은 사람이 없는 집에서 겨자씨를 구해오너라"라고 말씀하셨다.

"예, 알겠습니다. 세존이시여."

흡족한(만족스러운) 마음으로 그녀는 시내로 들어갔다. 첫 번째 집에서, 그녀는 이렇게 말했다.

"세존께서 내 아들을 위한 약으로, 겨자씨를 가져오라고 하십니다. 만약 이 집에서 전에 그 누구도 죽은 사람이 없다면, 겨자씨를 저에게 주소서."

"이 가문에서 죽은 사람들을 그 누가 다 헤아려 셀 수 있단 말이오?"

겨자씨 때문에 두 번째, 세 번째 집을 방문하고 나서, 그녀는 부처님의 위신력으로 광란이 사라지고 제정신을 차리더니, 그 자리에 서서 생각했다. "모든 집에서도 결정코 이러할 것이다. 이것은 연민심으로 가득 찬 세존 덕분에 내가 얻은 견해이리라." 신앙심으로 벅찬 감격을 느끼고 나서, 그것으로 인해, 아들을 시내 외곽으로 안고 가서 공동묘지에 내려놓고, 이 게송을 읊었다.

"촌락의 법도 읍내의 법도, 한 가문의 법도 또한 (예외가) 아니다. 모든 세상의 그리고 신들의 것에 속하는 그 어떤 법도 항상하지 못한 (무상한) 것이로다."

이와 같이 말하고 그녀는 세존께 가까이 갔다. 그러자 세존께서 그녀에게 말씀하셨다.
"그대, 고따미여, 겨자씨를 얻었느냐?"

"세존이시여, 겨자씨에 의해 업(카르마)은 끝나버렸습니다. 이제 의지할 곳이 제게 있습니다"라고 그녀는 말했다.

그리고 나서 또한 세존께서 그녀에게 게송을 말씀하셨다.
"아들과 가축(재산)에 넋을 빼앗겨
집착하는 마음이 있는 사람은,
마치 잠든 마을을 큰 홍수가 쓸어가 버리듯,
죽음이 (그를) 쓸어가 버린다네."

게송 끝에, 이와 같이, 그녀는 확고히 예류과가 되었으며, 세존께 출가할 것을 청하였다. 세존께서는 출가를 허락하셨다. 그녀는 세존을 오른쪽으로 세 번 돌고, 경의를 표한 후에, 비구니들의 거처로 가서, 출가 생활을 하며, 구족계를 받은 후, 오래지 않아, 여법하게 마음을 잡도리함으로써, 위빳사나를 증가시켰다.
그리고 나서 세존께서 그녀에게 이러한 광명을 비추는 게송을 말씀하셨다.

"백 년을 산다 한들
불사(不死, amata, 열반涅槃)의 길을 보지 못한다면,
불사의 길을 보는
단 하루의 삶이 더 낫다네."

그녀는 이 게송 끝에, 아라한과에 도달하였다. (전생의 소망대로) 그녀는 필수품을 사용함에 있어서, 제일 좋지 않은 것으로부터 가난하게 가지면서, 누더기 가사를 걸치고 다녔다.
… …
###

《산은 산이요, 물은 물이로다》

{해설: 이 법문은 부처님의 법문이 아니라, 송나라 청원유신(青原惟信) 선사(禪師)(?~1117)의 법문이다. 해인사 방장이셨던 성철(1912~1993) 스님이 인용하신 이후로 유명해졌다. 《반야심경》에서 설명한 '공한 것'(空性)과 '공의 모습'(空相)을 이해했다면, 청원선사의 법문을 알아들을 수 있으리라.}

길주 청원유신(青原惟信) 선사가 법상에 올라가 말씀하시되,
"노승이 30년 전에 참선하지 않을 때에는
산은 산이요, 물은 물이었다.

그리고 선지식(바른길로 이끌어주는 사람)을 친견하여 깨달아 들어간 경지가 있고 난 이후로는
산은 산이 아니요, 물은 물이 아니었다.

그리고 지금 쉬고 쉬어버린 경지를 얻고 나서는
예전대로 산은 그저 산이요, 물은 그저 물이로다.

대중들이여, 이 세 가지 견해가 같은 것인가, 다른 것인가?
만약 흑백을 분명히 가려낼 줄 아는 이 있다면,
그대가 이 노승을 친견했다고 허락하겠노라."

-大正新脩大藏經第 51 冊 No. 2077《續傳燈錄》(제22권)-
###

*불교를 처음 접하는 분들이라면 **3.4**절로 건너뛰자.

<참고 자료>
(불교 경전에 자주 나오는 '법(法)'이라는 용어의 뜻을 언젠가는 분명히 구분해서 알아 둘 필요가 있기 때문에, 그런 분들을 위해서 실어 놓았다. 나중에 읽어보도록 하자.)

[참고] 3.3.4 불교에서 법(法)이란?

불교에서 자주 쓰이는 '법(法)'에 대해서 알아보자. 일반적으로 '법'이라고 하면 지켜야 할 규범과 헌법을 떠올릴 것이다. 그러나 '다르마'(*dharma*) 또는 '담마'(*dhamma*)라고도 부르는 불교에서 말하는 '법'(法)은 몇 가지 다른 뜻을 가지고 있다.
  (1) 부처님이 말씀하신 가르침.
  (2) 세상의 법칙, '진리'.
  (3) 올바름, 선(善)하다는 의미.
  (4) '마음이라는 감각기관'(意根)의 대상이 되는 사상이나 관념들.
  (5) 어떤 것(a thing). 보통 현상세계를 의미한다.

예를 들어, KBS한국방송에서 2011년 방영한 '다르마'는 위에서 설명한 뜻 가운데 (1)번과 (2)번의 관점에서, 해인사 팔만대장경을 기념하기 위해 만든 다큐멘터리이다.

여섯 가지 감각기관에는 눈, 귀, 코, 혀, 몸, 마음意이 있다. 눈이 물체를, 귀가 소리를 인식하듯이, 마음意이라는 기관은 정신적인 개념, 사상, 관념 등을 인식하는 기관이다. 이렇게 마음意이라는 기관의 대상이 되는 '사상이나 관념 등'을 법(法, 마음대상)이라고도 한다. 이런 경우 (4)번에 해당한다.

[참고] 3.3.5 '조건지어진 법'(유위법)과 '조건지어지지 않은 법'(무위법)

'현상세계의 모든 물질적·정신적인 것'을 불교에서는 '조건에 의해 만들어진 것'으로 본다. 그래서 산스크리트어로 '만들어져 합쳐진, 합성된'(Skt. saṃskṛta, Pāli saṅkhata)이라는 단어를 사용한다. 한역에서 '유위'(有爲)로 옮겼다. 유위작(有爲作)이라고 하면 뜻이 더 분명하다. 이렇게 조건에 의해 만들어진 현상세계의 모든 것을 유위법(有爲法)이라고 한다. 참고로, 법을 의미할 때, '유위'(有爲)를 '함이 있다', '행함이 있다'라고 번역하면 곤란하다. 법과 함께 쓰일 때, '위'(爲)라는 글자는 '만들어진, 합성된, 조건지어진'이라는 뜻이다.

반면에, 이러한 원인과 조건이 없어진 상태를 '조건에 의해 만들어지지 않은 것'이라고 한다. '유위'라는 단어에 부정어(a-)를 붙여서, '만들어지지 않은, 합성되지 않은'(Skt. asaṃskṛta, Pāli asaṅkhata)이라는 단어를 사용한다. 한역에서 '무위'(無爲)로 옮겼다. 그리고 이러한 '조건지어지지 않은 것'을 무위법(無爲法)이라고 한다. 역시 법이라는 단어와 함께 사용될 때, '무위'(無爲)를 '함이 없다', '행함이 없다'라고 번역하면 곤란하다. 이러한 경우, 무위는 '만들어지지 않은, 조건지어지지 않은'이라는 의미이다. 그래서 무위법(無爲法)은 열반(涅槃)의 동의어로 사용된다.

일반적으로, '모든 법'(제법)이라고 하면, '조건지어진 법'인 유위법과 '조건지어지지 않은 법'인 무위법까지 모두 포함한다. 그러나 문맥에 따라, 유위법만을 의미하는 경우도 있다. 《반야심경》에서는 문맥상으로 '모든 법'(제법)을 '모든 조건지어진 법'인 유위법으로 한정해서 보면 되겠다. 설령 무위법인 열반까지 다 포함하더라도 문맥상으로 문제가 될 것은 없다. 열반은 조건지어진 것이 아니기 때문에 생한다 멸한다 등의 개념 자체를 세울 수가 없기 때문이다.

[참고] 3.3.6 열반의 동의어들: 무위법(無爲法), 불사(不死)

  불교에서는 '갈애의 완전한 소멸'을 열반이라고 정의한다. 또한 아울러 '모든 조건지어진 것들의 그침'을 열반이라고도 한다. 그리고 앞에서 잠시 언급했지만 '조건지어지지 않은 법'인 무위법(無爲法)도 열반의 동의어이다. 또한 불사(不死)를 열반의 동의어로 사용하는데, 왜냐하면, 태어남이라는 조건이 없기 때문에(불생不生), 당연히 죽음이라는 개념도 성립하지 않으므로 열반을 '불사'(不死)라고 말하는 것이다. ■

3.4 공한 것에는 오온도 없고, 눈, 귀, 코 ... 마음의 경계까지도 없다.

<한문>
시고 공중무색 무수상행식
是故 空中無色 無受想行識

무안이비설신의 무색성향미촉법 무안계 내지 무의식계
無眼耳鼻舌身意 無色聲香味觸法 無眼界 乃至 無意識界

<한글>
그러므로 공 가운데는 색이 없고 수 상 행 식도 없으며,
안 이 비 설 신 의도 없고,
색 성 향 미 촉 법도 없으며,
눈의 경계도 의식의 경계까지도 없고,

<저자 풀이>
그러므로 공한 것에는 물질, 느낌, 인식, 마음요소들, 의식도 없으며,
눈, 귀, 코, 혀, 몸, 마음도 없고,
형색, 소리, 냄새, 맛, 감촉, 마음대상도 없으며,
눈의 경계도 마음의 경계까지도 없고,

3.4.1 그러므로 공한 것에는 오온이 없다.

시고 공중무색 무수상행식
是故 空中無色 無受想行識

그러므로 공한 것에는 물질, 느낌, 인식, 마음요소들, 의식도 없다.

그렇기 때문에[是故], 공한 것에 숨겨 놓은 물질[色색]이 있는 것도 아니며, 느낌[受수], 인식[想상], 마음요소들[行행], 의식[識식]도 있을 리 만무하다. 공한 것에서, '조건에 따라' 오온의 각각이 나타나기도 하고 사라지기도 할 뿐이지, 공한 것에 오온의 각 요소가 따로따로 존재하는 것이 아니다.

3.4.2 공한 것에는 육근과 육경과 18계도 없다.
무안이비설신의 무색성향미촉법 무안계 내지 무의식계
無眼耳鼻舌身意 無色聲香味觸法 無眼界 乃至 無意識界

(공한 것에는) 눈, 귀, 코, 혀, 몸, 마음도 없고,
형색, 소리, 냄새, 맛, 감촉, 마음대상도 없으며,
눈의 경계도 마음의 경계까지도 없다.

이미 바로 앞에서 '공한 것에는 물질, 느낌, 인식, 마음요소들, 의식이 없다', 즉 '공한 것에는 오온이 없다'라고 했다. 그러므로 공(空)한 것에는 오온에서 파생되어 나온 육근, 육경, 십팔계도 있을 수 없다.
다시 자세하게 설명하면, 오온에서 파생되어 나온,
(1) 감각기관인
  눈[眼안], 귀[耳이], 코[鼻비], 혀[舌설], 몸[身신], 마음[意의],
(2) 감각기관의 대상인
  형색[色색], 소리[聲성], 냄새[香향], 맛[味미], 감촉[觸촉], 마음대상[法법],
(3) 그리고 눈의 경계[眼界안계], 귀의 경계, 코의 경계, 혀의 경계, 몸의 경계, 마음의 경계, 그리고 형색의 경계, 소리의 경계, 냄새의 경계, 맛의 경계, 감촉의 경계, 마음대상의 경계, 그리고 또한 눈의 의식경계, 귀의 의식경계, 코의 의식경계, 혀의 의식경계, 몸의 의식경계, 마음의

의식경계[意識界의식계]라고 하는 것들이 어떻게 공(空) 가운데 있을 수 있겠는가?

3.4.3 육근, 육경, 육식, 12처, 18계

참고로, '6가지 감각기관'인 육근(六根), '6가지 대상'인 육경(六境), '6가지 의식'인 육식(六識), 그리고 12처, 18계에 대해 차례로 알아보자.

(1) '6가지 감각기관'인 육근(六根)은 '눈, 귀, 코, 혀, 몸, 마음'(眼·耳·鼻·舌·身·意)이라고 하는 감각기관을 말하며, 6가지 안의 장소라고 해서 육내처(六內處)라고도 부른다. 여기에서 여섯 번째 마음[意]은 사상이나 관념 및 개념 같은 정신적인 것을 감지하는 일종의 감각기관이다.

(2) '6가지 대상'인 육경(六境)은 '형색, 소리, 냄새, 맛, 감촉, 마음의 대상'(色·聲·香·味·觸·法)을 말하며, 감각기관인 육근(六根)에 의해 감지된다. '6가지 밖의 장소'라고 해서 육외처(六外處)라고도 부른다.

(3) '6가지 의식'인 육식(六識)은 앞에서 설명한 '6가지 감각기관'[六根]과 '6가지 대상'[六境]이 서로 접촉할 때 일어난다. 눈과 형색이 접촉할 때 '눈의 의식'(眼識)이 일어나고, 귀와 소리가 접촉할 때 '귀의 의식'(耳識)이 일어나며, 코와 냄새가 접촉할 때 '코의 의식'(鼻識)이 일어나고, 혀와 맛이 접촉할 때 '혀의 의식'(舌識)이 일어나며, 몸과 감촉이 접촉할 때 '몸의 의식'(身識)이 일어나고, 마음과 마음의 대상(사상이나 관념 등)이 접촉할 때 '마음의 의식'(意識)이 일어난다.

(4) 위의 (1)육근(六根), (2)육경(六境)을 합쳐서, '12가지 장소'인 십이처(十二處, 12처)라고 한다.

(5) 위의 (1)육근(六根)과 (2)육경(六境)과 (3)육식(六識)의 총 '18가지의 영역'을 십팔계(十八界, 18계)라고 한다.

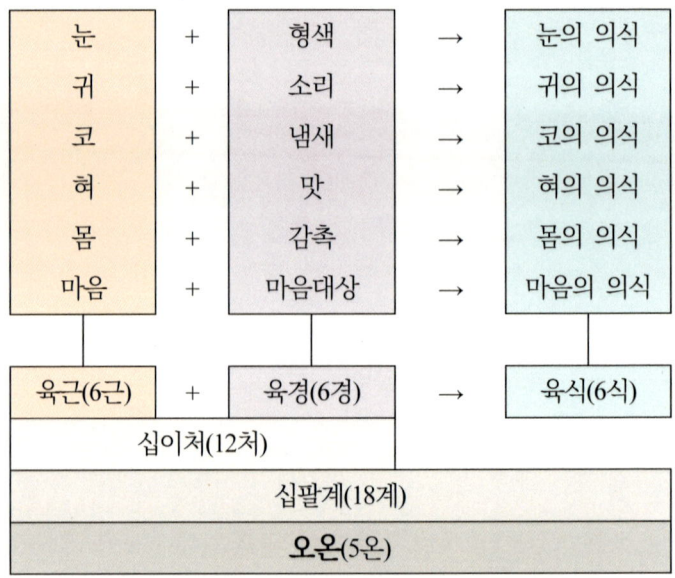

<오온, 육근, 육경, 육식, 십이처(12처), 십팔계(18계)>

3.4.4 사람의 수준에 따라 다르게 가르치신 부처님

부처님은 이 세상을 설명하실 때, 사람들의 이해 수준에 따라 다양한 법문을 하셨다.

정신적인 이해 수준은 높지만, 여전히 '정신적인 미혹에 빠진 사람들을 위해', 그들이 세상을 '있는 그대로' 볼 수 있도록 하기 위해서 오온(五蘊, 5온)에 관한 법문을 하셨다.

한편 너무 '물질적인 미혹에 빠진 사람들을 위해서'는 주로 십이처(十二處, 12처)에 관한 법문을 하셨다.

그리고 '물질적인 것'과 '정신적인 것' 모두에 빠진 사람들을 위해서는 십팔계(十八界, 18계)에 관한 법문을 하셨다.

그래서 5온, 12처, 18계는 초기 경전에서 부처님이 설하신 중요한 법문의 주제이다. 그렇다면 초기 경전에서, 이러한 여러 가지 방법으로, 부처님께서는 그들에게 무엇을 가르치셨나?

바로 5온, 12처, 18계가 항상 그대로 있지 못하고 변하는 것이며(無常무상), 그래서 괴로움이며(苦고), 그래서 '나의 자아가 아니다'(無我무아)라고 설법하셨다. 이 《반야심경》에서도 관자재보살 5온, 12처, 18계에 대해서, 부처님과 똑같은 말씀을 하고 계신 것이다.

"(그러므로 공한 것에는)
눈, 귀, 코, 혀, 몸, 마음도 없고,
형색, 소리, 냄새, 맛, 감촉, 마음대상도 없으며,
눈의 경계도 마음의 경계까지도 없느니라."

3.4.5 무의식적인 집착

지금까지 줄곧, 이 세계를 구성하는 다섯 가지 집합체인 오온이 공(空)하기 때문에, 오온은 그 실체가 없다는 사실을 설명했다. 그래서 오온에서 파생된 눈, 귀, 코, 혀, 몸, 마음이라는 6가지 감각기관과 형색, 소리, 냄새, 맛, 감촉, 마음대상이라고 하는 6가지 감각기관의 대상들, 그리고 그들의 상호작용에서 비롯된 것들 또한 공(空)한 것은 너무나도 당연한 이치이다.

이렇게 공(空)하다는 사실을 아는 것이 중요한 이유는, 공한 것인 줄 알면 '집착하지 않기' 때문이다. 집착하지 않으면 생사의 굴레에 들어가는 원인을 만들지 않으며, 따라서 번뇌를 만들 기회도 없어진다.

그러나 아쉽게도, 우리가 《반야심경》을 배워서 이러한 이치를 알고 있다 하더라도, 우리가 쌓아놓은 '다섯 가지 집착-무더기'(오취온), 특히 '인식의 집착 무더기'(想取蘊)에 의해 거의 무의식적으로 치우친 판단을 내릴 가능성은 여전하다. 이것은 태어나서 지금까지 자신이 알고 있는 지식이나 경험에 대한 일종의 집착이라고 할 수 있다. 가장 많은 정보를 받아들이는 '눈'에 대해 알아보자.

[질문1] 아래 2개의 도형 중, 어떤 것이 더 길어 보이는가?

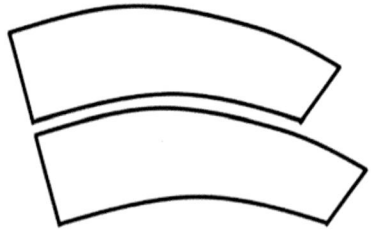

위의 도형은 1889년 독일 심리학자 프란츠 뮐러리어에 의해 처음 소개되었고, 1892년 폴란드 출신 미국 심리학자 조셉 자스트로가 더 광범위한 조사를 한 후에 논문으로 발표하였다. 이미 100년이 훨씬 넘었다. 그러나 여전히 거의 모든 사람은 아래쪽의 도형이 더 길다고 판단한다. 두 도형의 크기와 모양은 똑같다(자스트로 착시).

마찬가지로, 귀로 듣는 소리, 코로 맡는 냄새, 혀로 보는 맛, 몸으로 느끼는 감촉, 마음으로 아는 사상이나 관념 등에 대해서도, 우리는 그것을 '있는 그대로' 받아들인다고 생각한다. 하지만, 우리의 판단은 우리가 생각하고 있는 것만큼 그렇게 정확하지는 않다는 점을 인정해야 한다.

3.4 공한 것에는 오온도 없고, 눈, 귀, 코 …까지도 없다   109

[질문2] 아래 그림에 있는 주인공의 나이는 몇 살쯤 되어 보이는가?

위의 그림은 1888년 독일의 우표에 있던 그림을 윌리엄 엘리 힐이 1915년 다시 그려서 미국의 한 잡지에 실은 것이다. 이것 역시 100년이 넘었지만, 여전히 심리학자들이 많이 인용하는 그림이다. 실험 결과 30세 이하의 사람들은 그림을 처음 본 순간, 젊은 여성의 모습을 본다. 반대로 30세 이후 고령층일수록 그림을 본 순간, 할머니의 모습을 본다. 우리는 자신의 나이와 비슷한 사람들에 대한 편향된 정보를 더 많이 가지고 있기 때문에, 무의식적으로 이러한 정보를 근거로 사물을 판단하는 것이다. 이를 '또래-편향'이라고 한다. 윌리엄은 이 그림에 '나의 아내와 장모님'(My wife and mother-in-law)이라는 제목을 달았다.

[질문3] 아래 격자무늬에서, 교차점에 보이는 회색 점의 개수는?

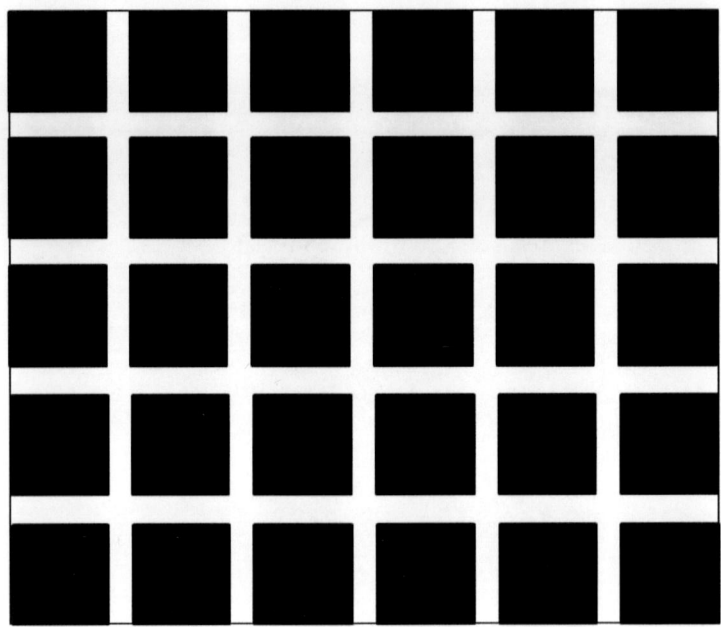

위의 그림은 헤르만 격자이다. 1870년대 독일 심리학자 헤르만이 발견했다. 격자의 교차점은 원래 모두 흰색이다. 그런데 한 지점의 교차점을 응시하고 나서 나머지 교차점들을 보게 되면, 희미한 회색 점을 보게 된다. 이것은 눈에 있는 망막의 중심부와 주변부에 있는 신경절 세포의 수용 범위의 차이 때문에 발생한다. 그래서 우리의 감각기관 자체가 원래부터 세상을 '있는 그대로' 받아들일 만큼 정교하지 못하다는 사실을 알 수 있다.

앞의 예시들은 단지 시각과 관련된 내용을 다루었지만, 소리와 관련된 청각 정보도 마찬가지이다. 노래를 만드는 과정에서 개인이 느끼는 음색과 저음, 중음, 고음, 공간감, 해상도, 청음 범위는 심지어 매일 컨디션에 따라 달라질 수도 있다. 전쟁터에서 폭탄 터지는 소리나 헬기에서 작전 중에 동료를 잃은 사람들은 전쟁 후에도, 그와 비슷한 소리를 들으면 심리적으로 큰 고통을 겪는다. 그 밖의 다른 감각기관인 코, 혀, 몸, 마음을 통한 정보들도 마찬가지이다. 어떤 사람이 특정 사상, 이론, 정치 성향을 가지고 있다면, 그는 자신의 사상이나 주의를 뒷받침할 만한 증거들을 찾는 것에는 심혈을 기울일 것이다. 반면, 반대되는 사상에는 귀를 기울이지 않거나 일단 반대부터 하기 쉽다. 심지어 폭력까지 행사하기도 한다. 이러한 행동들은 일종의 자기 집착에서 비롯된 것이라고 할 수 있다.

그렇기 때문에 우리의 '인식'이라는 것이 얼마나 실체가 없는 것인지 알 수 있다. 그리고 또한 얼마나 편견에 빠질 수 있는 위험성을 내포하고 있는 것인지도 알 수 있을 것이다. 실체가 없는 공한 것인 줄 안다면 집착하는 마음을 내려놓아야 한다. 그리고 더 열린 마음으로 세상을 바라볼 필요가 있다.

자신이 세상을 바로 보는 관점이 있듯이, 타인도 그들만의 관점이 있다는 점을 인정해야 한다. 장점으로 활용하면, 내가 생각하지 못한 점을 상대방이 보완해줄 수도 있다. 비록 서로 간의 의견 차이가 좁혀지지 않는 극단적인 경우라 할지라도, 이성을 잃지 않고 '여유 있는 마음'으로 상황을 바라보고 대처할 수 있을 것이다. ■

3.4.6 초기경전 산책4

《라훌라에게 설하신 짧은 경》은 어린 나이에 출가할 수밖에 없었던 부처님의 아들인 라훌라 존자를 깨달음으로 인도하신 법문이다. 부처님께서는 앞에서 설명한 18계보다 훨씬 더 많은 항목에 관해 묻고 계시다.

《라훌라에게 설하신 짧은 경》

(*Cūḷarāhulovāda Sutta*) MN 147

이와 같이 나는 들었다. 한때 세존께서 사왓티에서 제따 숲의 급고독원에 머무르고 계셨다. 그때 세존께서는 홀로 한적한 곳에서 좌선하고 계시는 동안, 이와 같은 생각이 마음에 떠올랐다. "실로 라훌라에게 해탈을 무르익게 하는 법들이 무르익었다. 내가 라훌라를 한층 더 번뇌의 소멸로 이끌어주면 어떨까?"

그리고 나서, 세존께서는 아침 일찍 옷을 입으시고 발우와 가사를 수하시고, 탁발을 위해 사왓티로 들어가셨다. 사왓티에서 탁발 후에, 공양을 마치시고, 탁발에서 돌아오신 세존께서는 라훌라 존자를 부르셨다.

"라훌라여, 자리를 가져오너라. 낮 동안 머무르기 위해 장님들의 숲으로 갈 것이니라."

"예. 스승님.", 라훌라 존자는 세존께 대답했고, 자리를 가지고 세존의 뒤를 바짝 따라갔다.

이때를 계기로 많은 수천의 천신들이 세존의 뒤를 따르고 있었다. "오늘 세존께서 라훌라 존자를 한층 더 번뇌의 소멸로 이끌어줄 것이다."(라고 하면서) 그때 세존께서는 장님들의 숲에 들어가셔서, 어느 나무 아래 마련한 자리에 앉으셨다. 라훌라 존자도 세존께 절을 드리고 한쪽 옆에 앉았다. 한쪽 옆에 앉은 라훌라 존자에게 세존께서는 이렇게 말씀하셨다.

[눈 眼]

"이를 어떻게 생각하느냐? 라훌라여, 눈[眼]은 항상한가 무상한가?"
 "무상합니다. 스승님."
"그렇다면, 무상한 것은 괴로움인가 즐거움인가?"
 "괴로움입니다, 스승님."
"그렇다면, 무상하고, 괴로움이고, 변하기 마련인 법을 '이것은 나의 것이다. 이것이 나다, 이것이 나의 자아다'라고 보는 것이 옳겠느냐?"
 "그렇지 않습니다, 스승님."

[형색 色]

"이를 어떻게 생각하느냐? 라훌라여, 형색[色]은 항상한가 무상한가?"
 "무상합니다. 스승님."
"그렇다면, 무상한 것은 괴로움인가 즐거움인가?"
 "괴로움입니다, 스승님."
"그렇다면, 무상하고, 괴로움이고, 변하기 마련인 법을 '이것은 나의 것이다. 이것이 나다, 이것이 나의 자아다'라고 보는 것이 옳겠느냐?"
 "그렇지 않습니다, 스승님."

[눈의 의식 眼識]

"이를 어떻게 생각하느냐? 라훌라여, 눈의 의식[眼識]은 항상한가 무상한가?"

"무상합니다. 스승님."
"그렇다면, 무상한 것은 괴로움인가 즐거움인가?"
"괴로움입니다, 스승님."
"그렇다면, 무상하고, 괴로움이고, 변하기 마련인 법을 '이것은 나의 것이다. 이것이 나다, 이것이 나의 자아다'라고 보는 것이 옳겠느냐?"
"그렇지 않습니다, 스승님."

[눈의 접촉 眼觸]
"이를 어떻게 생각하느냐? 라훌라여, 눈의 접촉[眼觸]은 항상한가 무상한가?"
"무상합니다. 스승님."
"그렇다면, 무상한 것은 괴로움인가 즐거움인가?"
"괴로움입니다, 스승님."
"그렇다면, 무상하고, 괴로움이고, 변하기 마련인 법을 '이것은 나의 것이다. 이것이 나다, 이것이 나의 자아다'라고 보는 것이 옳겠느냐?"
"그렇지 않습니다, 스승님."

[눈의 접촉을 조건으로 일어난 것들]
"이를 어떻게 생각하느냐? 라훌라여, 눈의 접촉[眼觸]을 조건으로 일어난 것으로서 느낌[受]의 상태이든, 인식[想]의 상태이든, 마음요소들[行]의 상태이든, 의식[識]의 상태이든 그것은 항상한가 무상한가?"
"무상합니다. 스승님."
"그렇다면, 무상한 것은 괴로움인가 즐거움인가?"
"괴로움입니다, 스승님."

"그렇다면, 무상하고, 괴로움이고, 변하기 마련인 법을 '이것은 나의 것이다. 이것이 나다, 이것이 나의 자아다'라고 보는 것이 옳겠느냐?"
 "그렇지 않습니다, 스승님."

[귀와 소리에 관련된 것들]
"이를 어떻게 생각하느냐? 라훌라여, 귀는 항상한가 무상한가?" … …
"소리는 … 귀의 의식은 … 귀의 접촉은 … 귀의 접촉을 조건으로 일어난 것들은 … 항상한가 무상한가?……"

[코와 냄새에 관련된 것들]
"이를 어떻게 생각하느냐? 라훌라여, 코는 항상한가 무상한가?" … …
"냄새는 … 코의 의식은 … 코의 접촉은 … 코의 접촉을 조건으로 일어난 것들은 …. 항상한가 무상한가?……"

[혀와 맛에 관련된 것들]
"이를 어떻게 생각하느냐? 라훌라여, 혀는 항상한가 무상한가?" … …
"맛은 … 혀의 의식은 … 혀의 접촉은 … 혀의 접촉을 조건으로 일어난 것들은 … 항상한가 무상한가?……"

[몸과 감촉에 관련된 것들]
"이를 어떻게 생각하느냐? 라훌라여, 몸은 항상한가 무상한가?" … …
"감촉은 … 몸의 의식은 … 몸의 접촉은 … 몸의 접촉을 조건으로 일어난 것들은 … 항상한가 무상한가?……"

[마음과 마음대상에 관련된 것들]
"이를 어떻게 생각하느냐? 라훌라여, 마음은 항상한가 무상한가?" ……
"마음대상은 … 마음의 의식은 … 마음의 접촉은 … 마음의 접촉을 조건으로 일어난 것들은 … 항상한가 무상한가?……"

[잘 배운 성스러운 제자의 자세]
"이와 같이 보는 잘 배운 성스러운 제자는 눈에 대해 염오하고(넌더리치고), 형색에 대해 염오하고, 눈의 의식에 대해 염오하고, 눈의 접촉에 대해 염오하고, 눈의 접촉을 조건으로 일어난 것들로서 느낌의 상태이든, 인식의 상태이든, 마음요소들의 상태이든, 의식의 상태이든 그것에 대해 염오한다.
　귀에 대해 … 소리에 대해 … 귀의 의식에 대해 …… 염오한다.
　코에 대해 … 냄새에 대해 … 코의 의식에 대해 …… 염오한다.
　혀에 대해 … 맛에 대해 … 혀의 의식에 대해 …… 염오한다.
　몸에 대해 … 감촉에 대해 … 몸의 의식에 대해 …… 염오한다.
　마음에 대해 염오하고, 마음대상에 대해 염오하고, 마음의 의식에 대해 염오하고, 마음의 접촉에 대해 염오하고, 마음의 접촉을 조건으로 일어난 것들로서 느낌의 상태이든, 인식의 상태이든, 마음요소들의 상태이든, 의식의 상태이든 그것에 대해 염오한다."

"염오하면서 탐욕을 여읜다. 탐욕을 여의었기 때문에 해탈한다. 해탈했을 때, '해탈했다'는 앎이 있다. '태어남은 다했다. 성스러운 삶을 살았으며, 해야 할 일을 다해 마쳤다. 이 이후로 이러한 존재함(태어남)은 없도다'라고 분명히 아느니라."

이렇게 세존께서 말씀하셨다. 기쁨에 찬 라훌라 존자는 세존의 말씀에 크게 환희하였다. 이 법문이 설해지고 있는 동안에, 라훌라 존자의 마음은 집착함이 없이 번뇌로부터 해탈하였다. 그리고 저 많은 수천의 천신들에게도 티가 없고 때가 없는 (이러한) 법의 눈이 생겨났다 — "생겨난 법은 무엇이든 모두 소멸하기 마련인 법이다".

###

《삼매 경》

(*Samādhi Sutta*) SN 35.99

"비구들이여, 삼매를 닦아라!
비구들이여, 삼매에 든 비구는 '있는 그대로' 분명히 아느니라."

"무엇을 '있는 그대로'(如實, *yathābhūtaṃ*) 분명히 안다는 것인가?
 눈[眼]은 무상(無常)하다'(항상하지 않다)고 '있는 그대로' 분명히 안다. '형색[色]은 무상하다'고 '있는 그대로' 분명히 안다. '눈의 의식[眼識]은 무상하다'고 '있는 그대로' 분명히 안다. '눈의 접촉[眼觸]은 무상하다'고 '있는 그대로' 분명히 안다. 눈의 접촉을 원인으로 하여 일어나는 즐겁거나, 괴롭거나, 즐겁지도 괴롭지도 않거나, 느껴지는[受] 것은 무엇이든지 무상하다는 것을 '있는 그대로' 분명히 아느니라.
 '귀[耳]는 무상하다' ··· '소리는 무상하다' ··· '귀의 의식은 무상하다' ··· '귀의 접촉은 무상하다' ··· 귀의 접촉을 원인으로 하여 일어나는 ··· 느껴지는 것은 무엇이든지 무상하다는 것을 '있는 그대로' 분명히 아느니라.
 '코[鼻]는 무상하다' ··· '냄새는 무상하다' ··· '코의 의식은 무상하다' ··· '코의 접촉은 무상하다' ··· 코의 접촉을 원인으로 하여 일어나는 ··· 느껴지는 것은 무엇이든지 무상하다는 것을 '있는 그대로' 분명히 아느니라.
 '혀[舌]는 무상하다' ··· '맛은 무상하다' ··· '혀의 의식은 무상하다' ··· '혀의 접촉은 무상하다' ··· 혀의 접촉을 원인으로 하여 일어나는 ··· 느껴지는 것은 무엇이든지 무상하다는 것을 '있는 그대로' 분명히 아느니라.

'몸[身]은 무상하다' … '감촉은 무상하다' … '몸의 의식은 무상하다' … '몸의 접촉은 무상하다' … 몸의 접촉을 원인으로 하여 일어나는 … 느껴지는 것은 무엇이든지 무상하다는 것을 '있는 그대로' 분명히 아느니라.

'마음[意]은 무상하다' … '마음대상[法]은 무상하다' … '마음의 의식은 무상하다' … '마음의 접촉은 무상하다' … 마음의 접촉을 원인으로 하여 일어나는 … 느껴지는 것은 무엇이든지 무상하다는 것을 '있는 그대로' 분명히 아느니라."

"비구들이여, 삼매를 닦아라!
비구들이여, 삼매에 든 비구는 '있는 그대로' 분명히 아느니라."

###

(*참고: SN 22.5의 《삼매 경》에서도 삼매를 닦으면, 오온을 '있는 그대로' 통찰한다고 설하셨다. 결국, 삼매는 오온이나 오온에서 파생된 것들(6근, 6경, 6식, 6촉 등)을 '있는 그대로' 볼 수 있게 하는 통찰 지혜의 힘을 강화해주는 밑바탕이 된다.)

3.5 무명도 없고 무명이 다함도 없으며, … 늙고 죽음도 늙고 죽음이 다함도 없다.

> <한문>
> 무무명 역무무명진 내지 무노사 역무노사진
> 無無明 亦無無明盡 乃至 無老死 亦無老死盡
>
> <한글>
> (공한 것에는) '무명'도 '무명이 다함'까지도 없으며,
> '늙고 죽음'도 '늙고 죽음이 다함'까지도 없고,

3.5.1 미시적 관점과 거시적 관점.

《반야심경》의 이 부분을 이해하기 위해서는 불교에서 말하는 연기법(緣起法)에 대해 알고 있어야 한다.

이제까지 앞에서 설명했던 오온, 십이처, 십팔계의 방법은 존재를 미세하게 분석해서 파악하는 미시적 관점이라고 할 수 있다.

이에 반해 연기법은 존재가 어떻게 생겨나고 소멸하게 되는지를 종합적으로 거시적인 관점에서 설명하는 가르침이다.

3.5.2 연기법의 정형구

연기법의 원리는 4줄의 짧은 정형구로 되어 있다.
『이것이 있을 때, 저것이 있다.
이것이 일어날 때, 저것이 일어난다.
이것이 없을 때, 저것이 없다.
이것이 소멸할 때, 저것이 소멸한다.』   <MN 115, SN 12.22>

이러한 '상호의존성'의 원리 위에서, 12가지의 요소로 '존재의 생성과 소멸을 설명한 것'이 십이연기(十二緣起)이다. 연기(緣起)라는 것은 원인(/조건)에 의해 일어난다는 말이다. 부처님은 상황에 따라, 2가지부터 3가지, 4가지, … 11가지, 12가지 요소로 연기법을 설명하셨다. 여기에서는 12연기를 살펴보도록 하자.

3.5.3 십이연기법

처음 나오는 무명(無明)은 '세상의 진리를 있는 그대로 알지 못하는 어리석음, 어두움, 무지'를 말하는 것이다. 12가지 요소가 어떻게 서로 원인과 조건이 되어 일어나게 되는지 아래 11개의 문장으로 확인해 보자.

1. 무명(無明)을 조건으로, 의도적 행위[行]가 생긴다.
2. 의도적 행위[行행]를 조건으로, 식(識)이 생긴다.
3. 식(識)을 조건으로, '정신과 물질'[名色]이 생긴다.
4. '정신과 물질'[名色명색]을 조건으로, 여섯 가지 감각장소[六處]가 생긴다.
5. 여섯 가지 감각장소[六處육처]를 조건으로, 접촉[觸]이 생긴다.
6. 접촉[觸촉]을 조건으로, 느낌[受]이 생긴다.
7. 느낌[受수]을 조건으로, 욕망 즉 '갈애'[愛]가 생긴다.
8. 갈애[愛애]를 조건으로, 집착[取]이 생긴다.
9. 집착[取취]을 조건으로, 존재상태[有]가 생긴다.
10. 존재상태[有유]을 조건으로, 태어남[生]이 생긴다.
11. 태어남[生생]을 조건으로, 늙음과 죽음[老死노사], 한탄, 괴로움 등이 생긴다.

이것을 간단히 한자로 표현하면,
'무명→행→식→명색→육처→촉→수→애→취→유→생→노사'이다.
이것을 '괴로움(생사)의 흐름을 계속하는 문'이라는 의미에서 유전문(流轉門)이라고 한다.

당연한 말이지만, 조건을 소멸시키면, 그 결과는 사라지게 된다. 십이연기에서도 마찬가지이다. 그래서 십이연기에서 '각 조건의 소멸은 모든 괴로움, 번뇌의 소멸로 인도하는 문'이기 때문에, 이를 환멸문(還滅門)이라고 한다.

1. 무명(無明)의 소멸로, 의도적 행위[行]가 소멸한다.
2. 의도적 행위[行]의 소멸로, 식(識)이 소멸한다.
3. 식(識)의 소멸로, '정신과 물질'[名色]이 소멸한다.
4. '정신과 물질'[名色]의 소멸로, 여섯 가지 감각장소[六處]가 소멸한다.
5. 여섯 가지 감각장소[六處]의 소멸로, 접촉[觸]이 소멸한다.
6. 접촉[觸]의 소멸로, 느낌[受]이 소멸한다.
7. 느낌[受]의 소멸로, 욕망 즉 '갈애'[愛]가 소멸한다.
8. 갈애[愛]의 소멸로, 집착[取]이 소멸한다.
9. 집착[取]의 소멸로, 존재상태[有]가 소멸한다.
10. 존재상태[有]의 소멸로, 태어남[生]이 소멸한다.
11. 태어남[生]의 소멸로, 늙음과 죽음[老死], 한탄, 괴로움 등이 소멸한다.

이 2가지 '유전문'과 '환멸문'을 통틀어서 '십이연기법'이라고 한다. 그래서 연기법은 생사의 괴로움이 발생하는 과정을 설명하는 유전문流轉門이면서, 또한 깨달음을 성취하기 위한 환멸문還滅門이기도 하다.

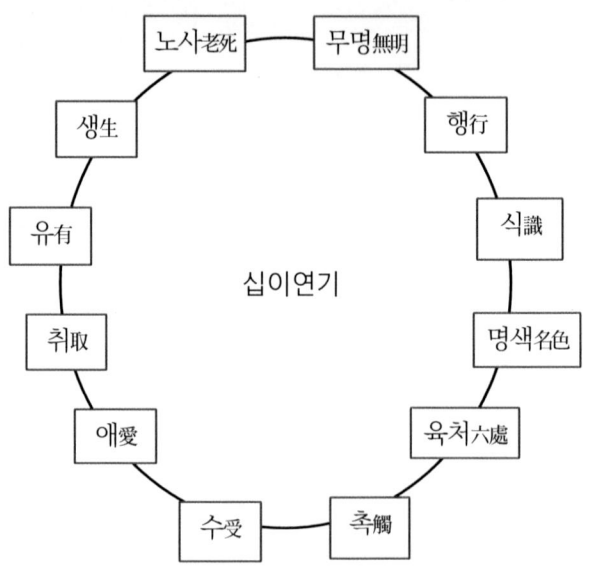

3.5.4 십이연기법 역시 공하다.

조건지어진 모든 것은 그 원인이 사라지면 없어진다. 그러므로 존재의 생성과 소멸을 설명하려고 말씀해 놓은 십이연기의 유전문 역시 공하며, 십이연기의 환멸문 역시 공하다.

또한 이러한 부처님의 소중한 가르침조차도, 다섯 가지 집합체인 오온에서 파생되어 나온 것일 뿐이다. 가르침은 육근六根의 하나인 마음[意]이 인식하는 마음대상[法](사상이나 관념)에 속한다. 육경六境의 하나일 뿐이다. 그래서 십이연기법이라고 하는 가르침 역시 공한 것이다.

3.5 무명도 없고 무명이 다함도 없으며, … 125

무무명 역무무명진 내지 무노사 역무노사진
無無明 亦無無明盡 乃至 無老死 亦無老死盡

(공한 것에는) '무명'도 '무명이 다함'까지도 없으며,
'늙고 죽음'도 '늙고 죽음이 다함'까지도 없다.

   십이연기법이 공하기 때문에, 앞의 3.5.3에서 언급한 십이연기의 유전문에서 첫 항에 나오는 '무명'(無明)이 없다고 말씀하시는 것이다. 아울러 환멸문의 첫 항에 나오는 '무명이 소멸함(/다함)'(無明盡)도 없다고 쌍으로 붙여서 말씀하신 것이다(무무명 역무무명진 無無明 亦無無明盡). 그리고 이것은 십이연기의 마지막 항까지 모두 해당하기 때문에, 유전문의 '늙고 죽음'(老死)도 없고, 또한 환멸문의 '늙고 죽음이 소멸함(/다함)'(老死盡)까지도 없다고 쌍으로 묶어서 말씀하고 있다(무노사 역무노사진 無老死 亦無老死盡). ■

3.5.5 초기경전 산책5

《분석 경》
(*Vibhaṅga Sutta*) SN 12.2

이와 같이 나는 들었다. 한때 세존께서 사왓티에 있는 제따 숲의 급고독원에 머무르고 계셨다. 그때 세존께서 비구들을 부르며 말씀하셨다.

"비구들이여, 너희들을 위해서 연기(緣起)를 분석해서 설해주리라. 잘 주의를 기울여 들어라. 나는 설하리라."

"예, 스승님",

비구들은 세존께 대답했다. 세존께서 이렇게 말씀하셨다.

"비구들이여, 무엇이 연기(緣起, *paṭiccasamuppāda*)인가?
무명(無明)을 조건으로, 의도적 행위[行]가 (생겨난다),
의도적 행위[行]를 조건으로, 식(識)이,
식(識)을 조건으로, '정신과 물질'[名色]이,
'정신과 물질'[名色]을 조건으로, 여섯 감각장소[六處]가,
여섯 감각장소[六處]를 조건으로, 접촉[觸]이
접촉[觸]을 조건으로, 느낌[受]이,
느낌[受]을 조건으로, 갈애[愛]가
갈애[愛]를 조건으로, 집착[取]이
집착[取]을 조건으로, 존재상태[有]가
존재상태[有]를 조건으로, 태어남[生]이
태어남[生]을 조건으로, 늙음과 죽음[老死], 슬픔, 한탄, 근심, 절망이 생겨난다. 이와 같이 전체 괴로움이 무더기가 일어난다."

"비구들이여, 어떤 것이 '늙음과 죽음'[老死노사]인가?
이런저런 중생들의 무리 속에서 이런저런 중생들의 늙음, 노쇠함, 부러짐, 흰머리, 주름진 피부, 수명의 감소, 감각기관의 쇠퇴, 이것을 '늙음'이라고 한다. 이런저런 중생들의 무리로부터 이런저런 중생들의 사망, 제거, 붕괴, 사라짐, 죽음, 서거, 시간이 다함, 오온의 붕괴, 몸을 버림, 이것을 '죽음'이라고 한다. 그래서 비구들이여, 이 늙음과 이 죽음을 (합쳐서) '늙음과 죽음'이라고 한다."

"비구들이여, 어떤 것이 '태어남'[生생]인가?
이런저런 중생들의 무리 속에서 이런저런 중생들의 태어남, 출생, 하생(下生), 발생, 재생, 오온의 발현, 감각장소의 획득, 이것을 '태어남'이라고 한다."

"비구들이여, 어떤 것이 '존재상태'[有유]인가?
비구들이여 3가지 존재상태가 있다.
1) 감각적 욕망의 존재상태인 '욕계(欲界)',
2) 물질의 존재상태인 '색계(色界)',
3) 물질이 없는 존재상태인 '무색계(無色界)'이다.
비구들이여, 이것을 '존재상태'라고 한다."

"비구들이여, 어떤 것이 '집착'[取취]인가? 비구들이여 4가지 집착이 있다.
1) 감각적 욕망에 대한 집착,
2) 견해에 대한 집착,
3) '삿된 계행이나 금지 조항'(戒禁계금)에 대한 집착,
4) 자아가 있다는 견해에 대한 집착이다.

비구들이여, 이것을 '집착'이라고 한다."

"비구들이여, 어떤 것이 '갈애'[愛애]인가?
비구들이여, 6가지 종류의 갈애가 있다. 형색에 대한 갈애, 소리에 대한 갈애, 냄새에 대한 갈애, 맛에 대한 갈애, 감촉에 대한 갈애, 법(사상이나 관념)에 대한 갈애이다. 비구들이여, 이것을 '갈애'라고 한다."

"비구들이여, 어떤 것이 '느낌'[受수]인가?
비구들이여, 6가지 종류의 느낌이 있다. 눈의 접촉에서 생긴 느낌, 귀의 접촉에서 생긴 느낌, 코의 접촉에서 생긴 느낌, 혀의 접촉에서 생긴 느낌, 몸의 접촉에서 생긴 느낌, 마음의 접촉에서 생긴 느낌이다. 비구들이여, 이것을 '느낌'이라고 한다."

"비구들이여, 어떤 것이 '접촉'[觸촉]인가?
비구들이여, 6가지 종류의 접촉이 있다. 눈의 접촉, 귀의 접촉, 코의 접촉, 혀의 접촉, 몸의 접촉, 마음의 접촉이다. 비구들이여, 이것을 '접촉'이라고 한다."

"비구들이여, 어떤 것이 '여섯 가지 감각장소'[六處육처]인가?
눈의 감각장소, 귀의 감각장소, 코의 감각장소 혀의 감각장소, 몸의 감각장소, 마음의 감각장소이다. 비구들이여, 이것을 '여섯 가지 감각장소'라고 한다."

"비구들이여, 어떤 것이 '정신과 물질'[名色명색]인가?
느낌[受], 인식[想], 의도[行], 접촉[觸], 주의를 기울임, 이것을 '정신'[名]이라고 한다. '네 가지 중대한 요소'(고체적인 요소[地], 액체적인 요소[水], 뜨거운 기운의 요소[火], 바람 기운의 요소[風], 그리고 4가지 중대한 요소에서 파생된 물질, 이것을 '물질'[色]이라고 한다. 비구들이여, 이 정신과 이 물질을 (합쳐서) '정신과 물질'이라고 한다."

"비구들이여, 어떤 것이 '식'(識)인가?
비구들이여, 6가지 종류의 식이 있다. 눈의 의식[眼識], 귀의 의식[耳識], 코의 식[鼻識], 혀의 의식[舌識], 몸의 의식[身識], 마음의 의식[意識]이다. 비구들이여, 이것을 '식'이라고 한다."

"비구들이여, 어떤 것이 '의도적 행위'[行]인가?
비구들이여, 3가지 의도적 행위가 있다. 몸[身]으로 하는 의도적 행위, 말[口]로 하는 의도적 행위, 마음[意]으로 하는 의도적 행위다. 비구들이여, 이것을 '의도적 행위'라고 한다."

"비구들이여, 어떤 것이 '무명'(無明)인가?
비구들이여, 괴로움에 대한 무지, 괴로움을 일으키는 것에 대한 무지, 괴로움의 소멸에 대한 무지, 괴로움의 소멸에 이르는 길에 대한 무지, 이것을 '무명'이라고 한다."

[유전문]
"이와 같이, 비구들이여,
무명(無明)을 조건으로, 의도적 행위[行]가 (생겨난다),
의도적 행위[行]를 조건으로, 식(識)이,
식(識)을 조건으로, '정신과 물질'[名色]이,
'정신과 물질'[名色]을 조건으로, 여섯 감각장소[六處]가,
여섯 감각장소[六處]를 조건으로, 접촉[觸]이
접촉[觸]을 조건으로, 느낌[受]이,

느낌[受]을 조건으로, 갈애[愛]가
갈애[愛]를 조건으로, 집착[取]이
집착[取]을 조건으로, 존재상태[有]가
존재상태[有]를 조건으로, 태어남[生]이
태어남[生]을 조건으로, 늙음과 죽음[老死], 슬픔, 한탄, 근심, 절망이 생겨난다. 이와 같이 전체 괴로움이 무더기가 일어나느니라."

[환멸문]
"실로, 무명(無明)이 남김없이 탐욕을 여위고 소멸함으로써, 의도적 행위[行]가 소멸한다.
의도적 행위[行]의 소멸로, 식(識)이 소멸한다.
식(識)의 소멸로, '정신과 물질'[名色]이 소멸한다.
'정신과 물질'[名色]의 소멸로, 여섯 감각장소[六處]가 소멸한다.
여섯 감각장소[六處]의 소멸로, 접촉[觸]이 소멸한다.
접촉[觸]의 소멸로, 느낌[受]이 소멸한다.
느낌[受]의 소멸로, 갈애[愛]가 소멸한다.
갈애[愛]의 소멸로, 집착[取]이 소멸한다.
집착[取]의 소멸로, 존재상태[有]가 소멸한다.
존재상태[有]의 소멸로, 태어남[生]이 소멸한다.
태어남[生]이 소멸함으로써, 늙음과 죽음[老死], 슬픔, 한탄, 근심, 절망이 소멸한다. 이와 같이 전체 괴로움이 무더기가 소멸하느니라."

###

《인연 경》

(Nīdāna Sutta) SN12.60

{ 경전 설명:

이 경에서는 연기법이 12연기가 아니라, 갈애[애]→집착[취]→존재상태[유]→태어남[생]→늙고 죽음[노사]의 5연기로 설명되어 있다.

}

한때 세존께서 꾸루 지역에서, 꾸루의 한 성읍인 깜마사담마라고 하는 곳에 머무르셨다. 그때 아난다 존자가 세존께 다가갔다. 다가가서는 세존께 예를 올린 후, 한 곁에 앉았다. 한 곁에 앉은 아난다 존자는 세존께 이렇게 말씀드렸다.

"정말, 불가사의합니다, 스승님. 정말, 일찍이 있지 않았던 것입니다, 스승님. 심오한 만큼이나, 이 연기는 심오하게 드러납니다, 스승님, 그런데 이제는 제게 분명하고 분명한 것처럼 보입니다."

"절대 그렇지 않다, 아난다여. 절대 그렇지 않다, 아난다여! 이 연기는 심오한 것이니라, 아난다여. 그리고 이 연기는 심오하게 드러난다. 아난다여! 이 법을 깨닫지 못하고, 통찰하지 못했기 때문에, 이와 같이 엉킨 실타래에서 나온 것처럼, 노끈 덩어리에서 나온 것처럼, 짚신 엮는 풀에서 생겨난 것처럼, 사람들은 고통의 세계, 나쁜 악도의 세계, 나락의 세계, 윤회를 벗어나지 못하느니라."

[유전문]

"아난다여, 집착하기 마련인 법들에서 달콤함[味]을 보며 머무르는 자에게 갈애는 증가한다. 갈애[애]를 조건으로 집착이, 집착[취]을 조건으로 존재상태가, 존재상태[유]를 조건으로 태어남이, 태어남[생]을 조건으로 늙음과 죽음[노사], 슬픔, 한탄, 근심, 절망이 생겨난다. 이와 같이 전체 괴로움이 무더기가 일어나느니라.

　예를 들면, 아난다여, 커다란 나무가 하나 있다. 그 나무의 모든 뿌리들은 아래로도 뻗어가고, 옆으로도 뻗어가 있고, 영양소를 위로 끌어올린다. 이와 같이, 아난다여, 이러한 영양과 이러한 공급을 갖춘 그 커다란 나무는 오랫동안 길고도 긴 세월을 굳건히 버티고 서 있을 것이다.

　그와 같이 아난다여, 집착하기 마련인 법들에서 달콤함[味]을 보며 머무르는 자에게 갈애는 증가한다. 갈애를 조건으로 집착이, 집착을 조건으로 존재상태가, 존재상태를 조건으로 태어남이, 태어남을 조건으로 늙음과 죽음, 슬픔, 한탄, 근심, 절망이 생겨난다. 이와 같이 전체 괴로움이 무더기가 일어나느니라."

[환멸문]
　"아난다여, 집착하기 마련인 법들에서 위험[患]을 보며 머무르는 자에게 갈애는 소멸한다. 갈애[애]가 소멸하면 집착이 소멸하고, 집착[취]이 소멸하면 존재상태가 소멸하고, 존재상태[유]가 소멸하면 태어남이 소멸하고, 태어남[생]이 소멸하면 늙음과 죽음[노사], 슬픔, 한탄, 근심, 절망이 소멸한다. 이와 같이 전체 괴로움이 무더기가 소멸하느니라.

　예를 들면, 아난다여, 커다란 나무가 하나 있다. 그런데 어떤 사람이 삽과 바구니를 가지고 온다고 치자. 그는 그 나무의 뿌리를 자르고, 뿌리를 자른 후에는 구덩이를 파고, 구덩이를 파고 난 후에는 심지어 잔뿌리에 해당하는 것들까지도 뽑아낸다고 하자. 그는 그 나무를 조각조각 자르고, 조각을 낸 후에는 찢어버리고, 찢어버리고 난 후에 파편으로 만들고, 파편으로 만들고 나서는 바람과 열기에 말려버리고, 바람과 열기에 말린 후에는 불로 태우고, 불로 태우고 난 후에는 숯으로 만들고, 숯으로 만든 후에는 센 바람에 날려 보내거나, 강이나 빠른 물줄기에 흘려 보낸다고 하자. 이와 같이, 아난다여, 그 커다란 나무는 뿌리가 절단이 나버렸고, 뿌리가 뽑혀 버렸고, 존재할 수 없고, 앞으로 다시는 생겨날 수 없게 되는 법이다.

이와 같이, 진실로, 아난다여, 집착하기 마련인 법들에서 위험[患]을 보며 머무르는 자에게 갈애는 소멸한다. 갈애를 소멸하면 집착이 소멸하고, 집착이 소멸하면 존재상태가 소멸하고, 존재상태가 소멸하면 태어남이 소멸하고, 태어남이 소멸하면 늙음과 죽음, 슬픔, 한탄, 근심, 절망이 소멸한다. 이와 같이 전체 괴로움이 무더기가 소멸하느니라."

134

3.6 네 가지 성스러운 진리도 없고, 지혜도 없고, 얻었다라는 마음도 없느니라.

<한문>
무고집멸도 무지 역무득
無苦集滅道 無智 亦無得

<한글>
고 집 멸 도도 없으며, 지혜도 얻음도 없느니라.

<저자 풀이>
(공한 것에는) 괴로움이라는 진리[苦], 괴로움의 기원에 대한 진리[集], 괴로움의 소멸이라는 진리[滅], 괴로움의 소멸에 이르는 길에 대한 진리[道]도 없으며,
지혜와 지혜를 얻음 또한 없느니라.

3.6.1 네 가지 성스러운 진리(사성제四聖諦)

이 내용을 이해하기 위해서는 먼저 사성제(四聖諦)를 알아야 한다.

'네 가지 성스러운 진리'인 사성제는 부처님께서 깨달으신 후, 예전에 함께 수행했던 다섯 명의 동료 수행자들에게 설하신 첫 법문의 내용이다. 그리고 그것은 불교의 핵심이라고 할 수 있다.

(1) 고(苦)성제: '괴로움'이라는 진리,
(2) 집(集)성제: '괴로움의 기원(일어나는 원인)'에 대한 진리,
(3) 멸(滅)성제: '괴로움의 소멸'이라는 진리,
(4) 도(道)성제: '괴로움의 소멸에 이르는 길'에 대한 진리.

(1)고성제(苦聖諦): 불교에서 괴로움은 육체적이고 정신적인 고통[고고苦苦]뿐만 아니라, 인생에서의 행복 등이 지속하지 못하고 변하는 데서 생기는 괴로움[괴고壞苦], 그리고 다섯 가지 집합체(/무더기)인 오온(물질, 느낌, 인식, 마음요소들, 의식)의 조건 발생에 의한 존재로서의 괴로움[행고行苦]이 있다.

(2)집성제(集聖諦): 이러한 괴로움이 일어나는 원인을 부처님께서는 대상에 대해 좋아하고, 즐거워하고, 그래서 그것을 원하고 갈구하는 마음인 '갈애'(渴愛)라고 말씀하셨다. 사람들은 물질적인 것뿐만 아니라, 정신적인 사상, 개념, 의견 등에 대해서도 자신이 원하는 것을 추구하며 집착한다. 한 개인은 그가 원하는 것을 얻지 못하거나 마음먹은 대로 일이 되지 않으면 화를 내거나 괴로움을 느낀다. 단체나 국가도 자신들이 원하는 것을 얻지 못하면 다툼과 분쟁, 심지어 전쟁까지도 일으키며, 이것은 많은 사람들에게 고통과 괴로움을 준다. 이렇게 '갈애'는 모든 괴로움의 대표적인 원인이라고 할 수 있다.

(3)멸성제(滅聖諦): 부처님은 '괴로움이 소멸한 상태'가 있음을 말씀하셨다. 바로 괴로움의 원인인 '갈애'를 완전히 제거한 상태를 다음과 같이 말씀하셨다. "오 라다(Rādha)여, '갈애의 소멸'이 열반이니라." 열반에 대한 다른 정의들이 있지만 결국은 '갈애의 소멸'을 통한 '번뇌의 완전한 소멸'인 것이며, '탐욕, 성냄, 어리석음의 완전한 소멸'이다.

(4)도성제(道聖諦): 부처님은 그러한 '괴로움이 소멸한 상태'인 열반에 이르는 길 또한 제시하셨다. '여덟 가지 성스러운 바른 길'인 팔정도(八正道)이다. 팔정도는 바른 견해, 바른 생각, 바른 말, 바른 행동, 바른 직업, 바른 정진, 바른 삼매, 바른 마음챙김이다. (팔정도에 대한 자세한 설명은 제5장을 참고하기 바란다.)

3.6.2 사성제도 없고, 사정제에 대한 통찰의 지혜도, 그러한 지혜를 얻었다라는 마음도 없다.
무고집멸도 무지 역무득
無苦集滅道 無智 亦無得

(공한 것에는) 괴로움이라는 진리[苦], 괴로움의 기원에 대한 진리[集], 괴로움의 소멸이라는 진리[滅], 괴로움의 소멸에 이르는 길에 대한 진리[道]도 없으며,
지혜와 지혜를 얻음 또한 없느니라.

부처님께서는 《초전법륜경》에서 '네 가지 성스러운 진리'인 사성제(四聖諦)를 철두철미하게 깨달으신 후에, '나는 깨달았노라'라고 선언하셨다. 그런데, 《반야심경》에서 관자재보살은 그런 '네 가지 성스러운 진리'까지도 없다고 하니, 해도 해도 정말 너무 심한 것이 아닌가?

우리는 앞의 3.5절에서 왜 십이연기법이 공(空)한 것인지 설명했었다. 사성제도 마찬가지이다. 부처님의 성스러운 가르침이지만, 다섯 가지 집합체인 오온에 속하는 것이다. 오온에서 파생되어 나온, 6가지 감각기관의 대상인 육경(六境) 가운데 하나이다. 즉, 마음[意]이 인식하는 마음

대상(法, 사상이나 관념)에 속한다. 그러므로 '네 가지 성스러운 진리'인 사성제(고·집·멸·도)도 결국 공한 것이다.

그래서, 무고집멸도(無苦集滅道)라는 관자재보살의 말씀은 고성제, 집성제, 멸성제, 도성제라는 네 가지 성스러운 가르침인 사성제 역시 공(空)한 것이라서 그 실체가 없다고 말씀하시는 것이다.

무지 역무득(無智 亦無得)에 나오는 '지혜'[智]는 '네 가지 성스러운 진리인 사성제를 통찰한 지혜'를 말한다. 그리고 그다음에 나오는 '얻음'[得]은 그러한 지혜를 얻었음을 의미한다.
앞의 사성제가 공하기 때문에, 당연히 그에 대한 '지혜'나 그 지혜를 '얻음'도 또한 공한 것이어서, 이들 또한 실체가 없다고 말씀하시고 있다.

너무 간단하지 않은가?
오온이 공한 줄 안다면, 오온에서 파생되어 나온 것은, 그것이 설령 부처님의 가르침일지라도, 결국 공한 것이고, 실체가 없는 것이다.

그렇기 때문에 부처님께서도 '뗏목의 비유'를 들어, 나의 가르침은 다만 수단일 뿐이지 목적을 이루고 난 이후에는 버려야 할 대상이라고 말씀하셨다. 아래 초기경전 산책에 소개된 2번째 《뱀의 비유 경》에서 확인할 수 있다. ■

3.6.3 초기경전 산책6

《초전법륜(법의 수레바퀴를 굴림) 경》

(Dhammacakkappavattana Sutta) SN 56.11

이와 같이 나는 들었다. 한때 세존께서 바라나시 이시빠따나의 사슴 동산(녹야원)에 머무르고 계셨다. 그곳에서 세존께서는 오비구(부처님의 옛 수행 동료들이었던 다섯 비구)를 부르셨다.

"비구들이여, 출가한 사람은 이 두 가지 양극단을 행해서는 아니 되느니라. 무엇이 그 두 가지인가?

하나는 욕망 속에서 '감각적 욕망'의 즐거움을 추구하는 것이다. 이는 저급하고, 품위 없고, 범부에 속하는 것이며, 성스럽지 못하고, 이익이 없다.

또 다른 하나는 '자기 고행'에 몰두하는 것으로, 이는 고통스럽고, 성스럽지 못하고, 이익이 없다.

비구들이여, 이 두 양극단을 피해서, 여래(如來)는 중도(中道)를 깨달았노라. 그것은 눈을 주고, 앎을 주며, 그리고 그것은 고요함으로, 통찰지혜로, 깨달음으로, 열반으로 이끌어 준다."

"그러면 무엇이 중도(中道)인가 … …? 그것은 바로 '성스러운 여덟 가지 길'인 팔정도(八正道)이다. 즉, 바른 견해, 바른 생각, 바른 말, 바른 행동, 바른 직업, 바른 정진, 바른 마음챙김, 바른 삼매이다. 이것이 여래가 깨달은 중도이며, 그것은 '눈'을 주고, 그것은 '앎'을 주며, 그리고 그것은 '고요함'으로, '통찰지혜'로, '깨달음'으로, '열반'으로 이끌어 준다."

"비구들이여, '괴로움이라고 하는 성스러운 진리'(고성제苦聖諦)는 이런 것이다. 태어남[生]은 괴로움이다. 늙음[老]은 괴로움이다. 병듦[病]은 괴로움이다. 죽음[死]은 괴로움이다. 슬픔, 한탄, 근심, 절망은 괴로움이다. 싫어하는 것들과 함께함은 괴로움이다(원증회고怨憎會苦). 좋아하는 것들과 헤어짐은 괴로움이다(애별이고愛別離苦). 원하는 것을 얻지 못하는 것은 괴로움이다(구부득고求不得苦). 간단히 말해서 '다섯 가지 집착-무더기'(五取蘊 오취온)가 괴로움이다."

" '괴로움의 기원(起源, 일어나는 원인)이라고 하는 성스러운 진리'(집성제集聖諦)는 이런 것이다. 그것은 바로 갈애이니, '다시 태어나게 하는 것'이며, 즐김과 탐욕을 수반하며, 여기저기에서 강렬한 즐거움을 찾아다닌다. 즉, '감각적 욕망에 대한 갈애'(欲愛), '존재에 대한 갈애'(有愛), '비존재에 대한 갈애'(無有愛)이다."

" '괴로움의 소멸이라고 하는 성스러운 진리'(멸성제滅聖諦)는 이런 것이다. 그것은 바로 그 갈애에 대해 남김없이 탐욕을 소멸함, 버림, 놓아버림, 해탈, 집착하지 않음이다."

" '괴로움의 소멸로 이끄는 길이라고 하는 성스러운 진리'(도성제道聖諦)는 이런 것이다. 그것은 바로 팔정도(八正道)이다. 간단히 말하면, 바른 견해, 바른 생각, 바른 말, 바른 행동, 바른 직업, 바른 정진, 바른 마음챙김, 바른 삼매이다."

[사성제 각각에 대한 3가지 측면: ~이다, ~해야만 한다, ~했다]
" '이것이 괴로움이라는 성스러운 진리이다(고성제苦聖諦)'라는 전에 들어보지 못한 법들에 관하여, 그러한 눈, 앎, 지혜, 밝음, 빛이 나에게 생겨났다.

'이 괴로움은, 성스러운 진리로서, 완전히 이해되어야만 한다'라는 전에 들어보지 못한 법들에 관하여, 그러한 눈, 앎, 지혜, 밝음, 빛이 나에게 생겨났다.

'이 괴로움은, 성스러운 진리로서, 완전히 이해되었다'라는 전에 들어보지 못한 법들에 관하여, 그러한 눈, 앎, 지혜, 밝음, 빛이 나에게 생겨났다."

" '이것이 괴로움의 기원(일어나는 원인)이라는 성스러운 진리이다(집성제集聖諦).' … 그러한 눈이, … … 빛이 나에게 생겨났다.

'이 괴로움의 기원은, 성스러운 진리로서, 버려져야만 한다.' … 그러한 눈이, … … 빛이 나에게 생겨났다.

'이 괴로움의 기원은, 성스러운 진리로서, 완전히 버려졌다.' … 그러한 눈이, … … 빛이 나에게 생겨났다."

" '이것이 괴로움의 소멸이라는 성스러운 진리이다(멸성제滅聖諦).' … 그러한 눈이, … … 빛이 나에게 생겨났다.

'이 괴로움의 소멸은, 성스러운 진리로서, 깨달아져야만 한다.' … 그러한 눈이, … … 빛이 나에게 생겨났다.

'이 괴로움의 소멸은, 성스러운 진리로서, 완전히 깨달아졌다.' … 그러한 눈이, … … 빛이 나에게 생겨났다."

" '이것이 괴로움의 소멸로 이끄는 길이라는 성스러운 진리이다(도성제道聖諦).' … 그러한 눈이, … … 빛이 나에게 생겨났다.

'이 괴로움의 소멸로 이끄는 길은, 성스러운 진리로서, 수행되어야만 하는 것이다'. … 그러한 눈이, … … 빛이 나에게 생겨났다.

'이 괴로움의 소멸로 이끄는 길은, 성스러운 진리로서, 완전히 수행되었다'라는 전에 들어보지 못한 법들에 관하여, 그러한 눈, 앎, 지혜, 밝음, 빛이 나에게 생겨났다."

" '네 가지 성스러운 진리'인 사성제(四聖諦)에 관하여, 이 3가지 측면(~이다, ~해야만 한다, ~했다)에서, 이러한 12가지 방식으로, 나에게 '있는 그대로' 알고[知] 보는[見] 것이 완전히 분명하지 않았던 동안은, 나는 신들과 마라들과 범천들과 함께 하는 이 세상에서, 사문들과 바라문들과 군주들과 백성들과 함께하는 이 사람들 속에서, '위없는 바른 깨달음'(아뇩다라삼먁삼보리)을 완전히 깨달았다고 선언하지 않았노라.

그러나 '네 가지 성스러운 진리'인 사성제에 관하여, 이 3가지 측면에서, 이러한 12가지 방식으로, 나에게 '있는 그대로' 알고[知] 봄[見]이 완전히 분명해졌을 때, 그때 나는 신들과 마라들과 범천들과 함께 하는 이 세상에서, 사문들과 바라문들과 군주들과 백성들과 함께하는 이 사람들 속에서, '위없는 바른 깨달음'을 완전히 깨달았다고 선언하였노라. 그리고 이러한 앎[知]과 봄[見]이 나에게 일어났느니라. 「나의 해탈은 확고부동하다. 이것이 마지막 생(生)이다. 이제 더 이상 다시 태어남은 없다.」"

이와 같이 세존께서 말씀하셨다. 기쁨에 찬 오비구들은 세존의 말씀에 환희하였다.

……
……
###

《뱀의 비유 경》

{ 경전 설명: (*Alagaddūpama Sutta*) MN 22
'뗏목의 비유'는 이 경에 나오는 여러 비유들 가운데 하나이다. }

[뗏목의 비유]

이와 같이 나는 들었다. 한때 세존께서 사왓티에 있는 제따 숲의 급고독원에 머무르고 계셨다.

… …..

… …

"비구들이여, 뗏목에 비유한 법문을 설할 것이리니, (뗏목은) 건너가기 위한 것이지, 움켜잡고 있기 위한 것이 아니니라. 그것을 들으라. 잘 주의를 기울이라, 설할 것이니라."

"예, 스승님.", 비구들이 세존께 대답했다.

세존께서는 다음과 같이 말씀하셨다.

"비구들이여, 어떤 사람이 여행 중인데, 큰 강물을 만났다고 하자. 이쪽 언덕은 위험하고 무섭지만, 저쪽 언덕은 안전하고 무섭지 않다. 그러나 이쪽에서 저쪽으로 건너갈 배나 건너는 다리도 없다.

그에게 이런 생각이 든다. —'이 강은 실로 큰 강이다, 이쪽 언덕은 위험하고 무섭지만, 저쪽 언덕은 안전하고 무섭지 않다. 그러나 이쪽에서 저쪽으로 건너갈 배나 건너는 다리도 없다. 그러니, 내가 풀과 잔 나무와 나뭇가지와 잎을 모아 뗏목을 엮어서, 뗏목을 의지해 팔과 발을 열심히 저어, 안전하게 저쪽 언덕으로 건너가면 어떨까?'

그런 후에, 비구들이여, 그 사람이 풀과 잔 나무와 나뭇가지와 잎을 모아 뗏목을 엮어서, 뗏목을 의지해 팔과 발을 열심히 저어, 안전하게 저쪽 언덕으로 건너간다고 치자.

강을 건너서 저쪽 언덕으로 넘어간 그 사람에게 이런 생각이 떠오른다. —'이 뗏목은 나에게 크나큰 도움이 되었다. 나는 이 뗏목을 의지해 팔과 발을 열심히 저어, 안전하게 저쪽 언덕으로 건너갔다. 내가 이 뗏목을 머리에 이거나 몸에 지니고서, 내 갈 곳으로 가면 어떨까?'

이를 어떻게 생각하느냐, 비구들이여? 그 사람이 이와 같이 행동한다면, 뗏목에 대해 잘 처신한 것이 되겠느냐?"

"아닙니다, 스승님."

"비구들이여, 어떻게 처신해야 그 사람이 뗏목에 대해 잘 처신하는 것이 되겠느냐? 비구들이여, 강을 건너서 저쪽 언덕으로 넘어간 그 사람에게 이런 생각이 떠오른다. —'이 뗏목은 나에게 크나큰 도움이 되었다. 나는 이 뗏목을 의지해 팔과 발을 열심히 저어, 안전하게 저쪽 언덕으로 건너갔다. 내가 이 뗏목을 땅에 올려놓거나 물 위에 띄워 놓고, 내 갈 곳으로 가면 어떨까?'

비구들이여, 이와 같이 처신한다면, 그 사람은 그 뗏목에 대해 잘 처신한 것이 될 것이니라. 비구들이여, 이와 같이 내가 설한 법도 뗏목과 같은 것이니, 그것은 건너가기 위한 것이지, 움켜잡고 있기 위한 것이 아니니라. 오, 비구들이여! 내가 설한 법이 뗏목과 같다는 것을 알고 있는 그대들은 법조차도 버려야 한다, 하물며 법 아닌 것들에 있어서랴!"

… …

… …

###

《암송 경》

(*Sajjhāya Sutta*) SN 9.10

한때 한 비구가 꼬살라에 있는 어느 밀림 숲에 머무르고 있었다. 그 비구는 이전에 아주 오랫동안 경을 많이 암송하면서 머물렀다. 그런데 나중에 그는 열정 없이 조용히 있으면서 계속 그렇게 지냈다. 그때 그 밀림 숲에 사는 천인이 그 비구의 법을 듣지 못하자, 그 비구에게 다가갔다. 가까이 다가가서는 그 비구에게 게송으로 말했다.

[천인]
"왜 그대 비구는, 다른 비구들과 함께 살면서,
법의 구절을 암송하지 않습니까?
(누군가) 법을 들으면 청정한 믿음을 얻습니다.
(암송자는) 이 세상에서 찬탄을 받습니다."

[비구]
"탐욕을 여위지 못한 채로 함께 살던 동안,
과거에는 법의 구절에 대한 열정이 있었다네.
  탐욕을 여윈 채로 함께 산 이후로는,
보거나, 듣거나, 냄새 맡거나, 그 무엇이든,
알고 나서는 버렸노라! 현자들이 말씀하시듯."

###

3.7 얻을 것이 없기 때문에, 보살 수행자는 지혜의 완성(반야바라밀다)을 의지해서, 궁극의 경지인 열반에 이른다.

> <한문>
> 이무소득고 보리살타 의반야바라밀다 고심무가애 무가애고
> 以無所得故 菩提薩埵 依般若波羅密多 故心無罣碍 無罣碍故
>
> 무유공포 원리전도몽상 구경열반
> 無有恐怖 遠離顚倒夢想 究竟涅槃
>
> <한글>
> 얻은 것이 없는 까닭에 보살은 반야바라밀다를 의지하므로
> 마음에 걸림이 없고 걸림이 없으므로 두려움이 없어서,
> 뒤바뀐 헛된 생각을 멀리 떠나 완전한 열반에 들어가며,
>
> <저자 풀이>
> 얻을 것이 없기 때문에, 보살 수행자는 지혜의 완성(반야바라밀다) 수행을 의지해서 마음에 걸림이 없고 걸림이 없기 때문에, 두려움이 없고, 뒤바뀐 헛된 생각을 멀리 여위어, 궁극의 경지인 열반에 이른다.

3.7.1 얻을 것이 없기 때문에 … 지혜의 완성을 의지해서, … 궁극의 경지인 열반에 이른다.

오온에서 비롯된 모든 것들, 즉 현상세계의 모든 것들은 공한 것이며, 거기에는 부처님의 가르침 또한 예외일 수 없다. 공한 것임을 알기에, 뗏목의 비유에서처럼, 부처님의 가르침뿐만 아니라, 저 언덕에 도달했다는 생각까지 놓아버렸다.

그런 까닭에 보리살타(수행자)는 이러한 공성(空性)을 아는 '지혜의 완성'(반야바라밀다) 수행을 의지해서, 마음에 걸리는 장애가 없고, 장애가 없기 때문에, 생사 등에 대한 공포가 없다.

보리살타(수행자)는 세상은 항상 변하기 마련이라는 것[無常무상], 변하기 마련인 것이라서 괴로움이라는 것[苦고], 그래서 '특정할 만한 자아가 없다는 것'[無我무아], 그리고 존재들은 번뇌로 오염되어 있다[不淨부정]는 것을 알고 있다.

그렇기 때문에, 보살(수행자)은 세상은 영원하다는 견해[常상], 그래서 즐거움이 계속된다는 견해[樂락], 자아가 있다는 견해[我아], 그리고 존재들에게 오염된 번뇌는 없고 항상 깨끗하다는 견해[淨정]와 같이 '거꾸로 뒤바뀐'(전도顚倒된) 잘못된 생각을 멀리 여읜다. 마음에 모든 장애가 없고 잘못된 견해를 멀리 여의었으니, 궁극의 경지인 열반에 이른다(열반을 체험한다).

3.7.2 성자의 4단계와 10가지 장애

참고로 성자의 단계와 수행에 걸림이 되는 장애에 대해 알아보자. '깨닫는다'라는 의미는 '몸소 체험해서 안다'는 뜻이다. 마치 눈으로 사과라는 과일을 본 사람은 사과가 뭔지 알고 있기 때문에, 이 사람에게 옥수수를 보여주고 사과라고 우겨봐야 아무 소용이 없듯이, 이미 '진리를 체험을 통해 분명하게 보신'(깨달으신) 분들이 성자이다.

'네 가지 성스러운 진리'인 사성제를 깨달았지만, 여전히 번뇌가 남아 있는 사람을 '성자(聖者)의 흐름에 든 자'(예류과)라고 한다. 일단 성자의 흐름에 든 수행자는 많아야 7번 다시 태어나고 그 사이에 완전한 깨달음을 성취할 수 있다. 그리고 성자의 흐름에 든(예류과) 이후에, 번뇌가 소멸하여 없어진 정도에 따라, '한 번 다시 돌아오는 자'(일래과), '돌아오지 않는 자'(불환과), '응당 공양받아 마땅한 분'(아라한)으로 구분하여 부른다.

완전한 깨달음을 방해하는 열 가지 장애가 있다. 이것을 속박, 걸림, 십장애(十障碍), 십결(十結)이라고도 한다. 이들은 모두 번뇌의 다른 표현들이다. 열 가지 속박, 장애는 다음과 같다.
(1) 유신견(有身見): '내가 있다'라는 착각. (2) 의(疑): 불법승(佛法僧) 삼보에 대한 믿음이 없음. (3) 계금취견(戒禁取見): 특정 의식·계율만으로 해탈할 수 있다는 견해. (4) 욕탐(欲貪): 감각적 욕망. (5) 진에(瞋恚): 분노, 악의. (6) 색탐(色貪): 색계에 대한 욕망. (7) 무색탐(無色貪): 무색계에 대한 욕망. (8) 만(慢): 아만, 자만. (9) 도거(掉擧): 들뜸. (10) 무명(無明).
<참고: AN 10.13, DN 6, MN 2, MN 6, MN 22>

위의 (1)(2)(3)의 속박에서 벗어난 자는 '흐름에 든 자'인 예류과(預流果)이다. 여기에 또한 (4)(5)의 속박을 상당 부분 극복한 자는 '한 번 돌아오는 자'인 일래과(一來果)이다. (1)~(5)의 5가지 속박에서 완전히 벗어난 자는 '돌아오지 않는 자'인 불환과(不還果)이다. 열 가지를 모두 벗어난 자가 아라한(阿羅漢)이다.

단순히 네 가지 성스러운 진리인 사성제를 깨닫는 것만으로는 완전한 깨달음을 성취할 수 없다. 수행자의 마음에 남아 있는 모든 장애, 즉 모든 번뇌가 소멸하였을 때, 궁극의 경지인 열반에 이른다(열반을 체험한다). ■

3.7.3 초기경전 산책7

《전도(顛倒, 거꾸로 됨) 경》

(*Vipallāsa Sutta*) AN 4.49

"비구들이여, 네 가지 인식의 전도(顛倒, 거꾸로 됨), 마음의 전도, 견해의 전도가 있느니라. 무엇이 네 가지인가? 비구들이여,

1) '무상한 것에 대해, 항상하다'고 하는 인식의 전도, 마음의 전도, 견해의 전도가 있다.
2) '괴로움에 대해, 즐거움이다'라고 하는 인식의 전도, 마음의 전도, 견해의 전도가 있다.
3) '무아에 대해, 자아이다'라고 하는 인식의 전도, 마음의 전도, 견해의 전도가 있다.
4) '깨끗하지 못한 것에 대해, 깨끗하다'는 인식의 전도, 마음의 전도, 견해의 전도가 있다.

비구들이여, 이것이 네 가지 인식의 전도, 마음의 전도, 견해의 전도이니라."

"비구들이여, 네 가지 전도되지 않은 인식, 전도되지 않은 마음, 전도되지 않은 견해가 있다. 무엇이 네 가지인가? 비구들이여,

1) '무상한 것에 대해, 무상하다'고 하는 전도되지 않은 인식, 전도되지 않은 마음, 전도되지 않은 견해가 있다.
2) '괴로움에 대해, 괴로움이다'라고 하는 전도되지 않은 인식, 전도되지 않은 마음, 전도되지 않은 견해가 있다.
3) '무아에 대해, 무아이다'라고 하는 전도되지 않은 인식, 전도되지 않은 마음, 전도되지 않은 견해가 있다.

4) '깨끗하지 못한 것에 대해, 깨끗하지 못하다'라고 하는 전도되지 않은 인식, 전도되지 않은 마음, 전도되지 않은 견해가 있다.
비구들이여, 이것이 네 가지 전도되지 않은 인식, 전도되지 않은 마음, 전도되지 않은 견해이니라."

무상한 것에 대해 항상하다고 인식하고
괴로움에 대해 즐거움이라고 인식하고,
무아에 대해 자아라고 인식하고,
깨끗하지 못한 것에 대해 깨끗하다고는 인식하는
삿된 견해로 망가진 중생들은 마음이 혼란스럽고,
인식이 전도된 자들이다.

그들은 마라의 속박에 묶여,
속박에서 벗어나지 못하는 사람들이다.
중생들은 윤회하나니, 태어남과 죽음에 들어가는 자들이다.

부처님들이 세상에 태어나시어, 광명을 발하시니,
중생들에게 괴로움을 그치게 하는 이 법을 설명하셨다.
지혜로운 사람들은 듣고서, 마음을 회복한다.
무상을 무상하다고 보고,
괴로움을 괴로움이라고 보고,
무아를 무아로 보고,
깨끗하지 못한 것을 깨끗하지 못한 것으로 보고,
바른 견해를 얻어서, 모든 괴로움을 뛰어넘느니라.
###

3.8 과거 현재 미래의 부처님들도 지혜의 완성(반야바라밀다)을 의지해서, 위없는 바른 깨달음을 얻는다.

<한문>
삼세제불의반야바라밀다 고득아뇩다라삼먁삼보리
三世諸佛依般若波羅密多 故得阿縟多羅三邈三菩提

<한글>
삼세의 모든 부처님도 반야바라밀다를 의지하므로
최상의 깨달음을 얻느니라.

<저자 풀이>
과거, 현재, 미래의 모든 부처님들도 '지혜의 완성'(반야바라밀다) 수행을 의지해서, '위없는 바른 완전한 깨달음'을 얻느니라.

3.8.1 모든 부처님들도 지혜의 완성을 통해, 위없는 바른 완전한 깨달음을 얻는다.

과거, 현재의 모든 부처님들도 '지혜의 완성'(반야바라밀다) 수행을 통해서, '위없는 바른 완전한 깨달음'을 얻으셨고, 미래의 부처님들도 또한 '지혜의 완성'(반야바라밀다) 수행을 통해서, '위없는 바른 완전한 깨달음'을 얻으실 것이라는 말씀이다.

'위없는 바른 완전한 깨달음'인 아뇩다라삼먁삼보리(阿縟多羅三邈三菩提)는 산스크리트어의 음을 그대로 한자로 옮겨 적은 것이다. 한역에서는 '무상-정-등각'(無上正等覺, Skt.*anuttara-samyak-sambodhi*)으로 옮기고 있다. 빠알리어 경전인 《초전법륜 경》의 마지막 부분에서도 부처님은 '아뇩다라삼먁삼보리'를 완전히 깨달았노라고 선언하시고 있다.

3.8.2 초기경전 산책8

이미 앞에서 '아뇩다라삼먁삼보리'가 나오는 경전들을 소개했다. 그 경전들을 다시 한번 읽어보자.

3.1.3 《오취온에 대한 범주(範疇, 카테고리) 경》, SN 22.56

3.6.3 《초전법륜 경》 SN 56.11

■

3.9 '지혜의 완성'(반야바라밀다) 자체가 진언이다.

<한문>
고지반야바라밀다 시대신주 시대명주 시무상주 시무등등주
故知般若波羅密多 是大神呪 是大明呪 是無上呪 是無等等呪

능제일체고 진실불허
能除一切苦 眞實不虛

<한글>
반야바라밀다는 가장 신비하고 밝은 주문이며 위없는 주문이며
무엇과도 견줄 수 없는 주문이니,
온갖 괴로움을 없애고 진실하여 허망하지 않음을 알지니라.

<저자 풀이>
그러므로 알지니라. 지혜의 완성(반야바라밀다)은
위대한 진언이며, 가장 밝은 진언이며,
위없는 진언이며, 무엇과도 견줄 수 없는 진언이니,
온갖 괴로움을 없애고 진실하여 허망하지 않느니라.

3.9.1 주문(呪文): 진언(眞言), 만뜨라, 만다라.

주문이라는 말은 산스크리트어의 만뜨라(mantra)를 한역한 것이다. 신주神呪, 밀언密言, 만다라曼陀羅로 옮기기도 한다.

불교에서 만뜨라는 '부처님이나 보살 수행자의 가르침이나 깨달음을 간직한 어구'를 말한다. 반야심경에서 만뜨라를 주문이라고 번역했지만, '진리의 말씀'을 담고 있다고 해서 진언(眞言)으로 번역하기도 한다. 저자는 '진언'으로 옮겼다.

3.9.2 '지혜의 완성'(반야바라밀다) 수행법 자체가 진리의 말씀이다.

고지반야바라밀다 시대신주 시대명주 시무상주 시무등등주
故知般若波羅密多 是大神呪 是大明呪 是無上呪 是無等等呪

"그러므로 알지니라. 지혜의 완성(반야바라밀다)은
위대한 진언이며, 가장 밝은 진언이며,
위없는 진언이며, 무엇과도 견줄 수 없는 진언이다."

《반야심경》의 이 마지막 부분에서 주의 깊게 볼 것은 관자재보살은 '지혜의 완성'(반야바라밀다) 수행법 자체를 '진언'(진리의 말씀, 주문)이라고 표현할 정도로 그 중요성을 강조하고 있다는 점이다. 그래서 이 부분은 경의 마지막에 나오는 '아제아제 바라아제 바라승아제 모지사바하'에 대한 설명이 아니다. 반야심경에 나오는 '지혜의 완성(반야바라밀다)' 수행법에 대한 찬탄의 말씀이다. 이것은 현장 스님이 번역한 《대반야바라밀다경》(제102권)에서도 확인할 수 있다. 이 경을 지니고, 독송하고, 사유하고, 손으로 쓰고, 타인에게 설명해 주는 수행자는 해로운 곤충이나 홍수와 같은 자연재해나 전쟁 등의 위험으로부터 피해를 입지 않기 때문에, 그 자체가 신비스러운 진언이라고 설명하고 있다.

왜냐하면, '지혜의 완성(반야바라밀다)' 수행을 한 사람은 모든 것이 공(空)하다는 것을 알기에, 자신과 타인이라는 개념도 또한 세울 수가 없다는 것을 분명히 알고 있기 때문이다.

그래서 '지혜의 완성(반야바라밀다)은 위대한 진언이며, 가장 밝은 진언이며, 위없는 진언이며, 무엇과도 견줄 수 없는 진언이니'(시대신주 시대명주 시무상주 시무등등주)라는 어구는 '지혜의 완성(반야바라밀다) 수행법 자체가 중요하다는 것을 점점 강조하는 어조로' 표현한 말씀이다.

3.9.3 '지혜의 완성'(반야바라밀다) 수행은 모든 고통을 없애 준다.

능제일체고 진실불허
能除一切苦 眞實不虛
온갖 괴로움을 없애고 진실하여 허망하지 않느니라.

왜 '지혜의 완성(반야바라밀다)'은 능히 온갖 일체의 모든 괴로움을 없앨 수 있는가?

이미 3.1.3절에서 설명했었다. 다시는 뜨거운 구슬을 손으로 잡지 않듯이, '지혜의 완성(반야바라밀다)'에 의지해서 다섯 가지 집합체인 오온이 공한 것을 통찰한 사람은 오온에 집착하지 않기 때문에, 모든 괴로움과 고통에서 벗어난다. 능히 괴로움을 소멸시키기에, 진실한 말씀이다. 거짓되거나 허황된 말씀이 아니다.

그리고 부처님께서 '오취온이 괴로움이다'라고 하신 말씀을 통해서도, 왜 '지혜의 완성(반야바라밀다)'이 능히 일체의 모든 괴로움을 없앨 수 있는지 알 수 있다.

"간단히 말하면, '다섯 가지 집착-무더기'인 오취온(五取蘊)이 괴로움(苦)이다." - 《초전법륜경》(SN 56.11) -

"오 비구들이여, 무엇이 괴로움(苦, dukkha둑카)인가?
오취온(五取蘊)이라고 할 수 있느니라."
  - 《괴로움 경》(SN22.104) -

위의 말씀에서 알 수 있듯이, '괴로움'과 '오취온'은 동의어이다. 수행자가 '지혜의 완성(반야바라밀다)'에 의지해서 오온이 공한 것을 알았다면, 당연히 '다섯 가지 집착-무더기'인 오취온(五取蘊)도 또한 공한 것이라고 알게 된다. 그래서 결국 '오취온'과 동의어인 '괴로움'도 또한 실체가 없는 공한 것임을 통찰하게 된다.
(오온은 공한 것 = 오취온은 공한 것 = 괴로움은 공한 것.)

'오온이 공한 것임'을 아는 것은 결국 '괴로움이 공하다는 것'을 통찰하여 아는 것과 같다. 괴로움이 공한 것인 줄 안다면, 능히 모든 괴로움에서 벗어나게 되는 것은 너무나도 당연한 일이 아닌가?

그래서 3.1절에서 언급된 '일체 모든 괴로움과 액난을 건너셨다'(度一切苦厄 도일체고액)라는 말씀과 여기 3.9절에서 말하고 있는 '일체의 모든 괴로움을 없앤다'(能除一切苦 능제일체고)라는 말씀은 결국 같은 말이다. 무엇에 의해 그렇게 할 수 있다는 말씀인가?

<u>오온이 공한 것을 꿰뚫어 보는 '지혜의 완성(반야바라밀다般若波羅密多)'</u> 수행에 의해서이다. 즉 **반야바라밀다**(지혜의 완성)에 의해서이다. ■

160

3.10 지혜의 완성(반야바라밀다)에 대한 진언

<한문>
고설반야바라밀다주 즉설주왈
故說般若波羅密多呪 卽說呪曰

아제아제 바라아제 바라승아제 모지사바하
揭諦揭諦 波羅揭諦 波羅僧揭諦 菩提娑婆訶

<한글>
이제 반야바라밀다주를 말하리라.
아제아제 바라아제 바라승아제 모지사바하.

<저자 풀이>
(그런 까닭에) '지혜의 완성(반야바라밀다)에 대한 진언'을 설하노니,
이와 같으니라,
아제아제 바라아제 바라승아제 모지사바하.

3.10.1 아제아제 바라아제 바라승아제 모지 사바하

고설반야바라밀다주 즉설주왈
故說般若波羅密多呪 卽說呪曰

아제아제 바라아제 바라승아제 모지사바하
揭諦揭諦 波羅揭諦 波羅僧揭諦 菩提娑婆訶

앞 절에서 사용한 진언(眞言, 주呪)이라는 단어가 '지혜의 완성(반야바라밀다) 수행' 그 자체의 중요성을 강조하기 위한 일종의 비유적 표현이었다면, 여기에서는 암송하는 만뜨라 본래의 의미로 사용되었다. 그래서 산스크리트어 진언을 번역하지 않고, 원어 그대로 발음만 옮겨 놓고 있다.

3.10 지혜의 완성(반야바라밀다)에 대한 진언

(그런 까닭에) '지혜의 완성(반야바라밀다)에 대한 진언'을 설하노니,
이와 같으니라,
아제아제 바라아제 바라승아제 모지사바하.

참고로, 고려대장경본과 현재 우리가 암송하는 진언의 한자(漢字)는 약간 다른데, 그것은 현재 우리가 암송하는 것이 송나라본이기 때문이다. 하지만 발음에는 거의 차이가 없다. 띄어쓰기가 없는 한문에서 진언만큼은 띄어쓰기를 해주고 있는 것도 흥미로운 점이다.

아제아제 바라아제 바라승아제 모지사바하
揭帝揭帝 般羅揭帝 般羅僧揭帝 菩提僧莎訶   [고려대장경본]
揭諦揭諦 波羅揭諦 波羅僧揭諦 菩提娑婆訶   [송나라본]

문법에 따라 여러 해석이 가능한데, 저자는 다음과 같이 보고 있다.
가떼에 가떼에 빠아라가떼에 빠아라쌍가떼에 보오디스와하아.
(gate gate pāragate pārasaṃgate bodhi svāhā)
건너갔네,
건너갔네,
저 언덕으로 건너갔네,
저 언덕으로 완전히 건너갔네,
깨달음이여, 사바하!

산스크리트어 발음을 살려서 표기하면 3음절, 3음절, 6음절, 7음절, 7음절이다. 관자재보살께서 점점 강조하시는 어조로 말씀하고 있다는 것을 알 수 있다. 그렇다면, 누가 건너갔는가? 어떻게 건너갔는가?

"역대의 수행자들 가운데 깨달은 사람은 그 누구든, '지혜의 완성'(반야바라밀다) 수행에 의지해서 건너갔노라"라고 말씀하고 있다. 그래서 현재와 미래의 수행자들도 '지혜의 완성'(반야바라밀다) 수행을 한다면, '반드시 건너갈 수 있다'는 것을 암시하고 있다.

3.10.2 마지막 진언(眞言)을 마치며

《반야심경》은 불교 사찰에서 예불 때마다 합송하는 경전이고, 제일 많이 합송되는 경전이다. 마지막 진언을 암송할 때, 반야심경 전체의 내용을 다시 한번 마음에 되새겨 보면 어떨까?

"오온(五蘊)이 공한 것을 비추어 보니, 눈, 코, 귀뿐만 아니라, 일체 모든 것이 공하며, 지혜를 얻음도 공한 것이로구나, '이제, 모든 집착을 놓아버리자'. 마침내 마음의 걸림, 번뇌가 완전히 소멸한 상태를 깨달았네." ■

<부록>

이상으로 《반야심경》에 대한 해설이 끝났습니다.
이후의 내용은 좀 더 공부하고 싶은 분들을 위한 내용입니다.

제4장은 동양사상과 현대물리학의 관련성을 소개한 내용이고, 제5장부터 끝까지는 《반야심경》의 공(空) 사상이 부처님의 전체 가르침 속에서 어디에 위치하는지를 설명합니다. 그리고 수행에서 어떻게 적용되는지 또한 설명해 놓았습니다.

어느 선방 스님의 발자취

제 4장

동양사상과 현대 물리학

제 4 장
동양사상과 현대 물리학

이번 장에서는 동양사상과 여러 면에서 공통점이 있는 현대 물리학에 대해서 알아보자. 철학적인 부분에서, 불교와 현대 물리학의 공통점을 이해하는 데 도움이 될 것이다.

4.1 불교의 유럽전파

유럽에 불교가 본격적으로 전파되기 시작한 것이 1800년대 전후이고, 1850년대 후반부터는 번역 및 사전을 만드는 작업 등이 이루어졌다. 그리고 1900년대 즈음해서, 일반 사람들이 일부 번역된 불교 경전이나 불교 입문서를 접할 수 있을 정도가 되어 있는 상태였다. 주로 선구적인 역할은 독일, 프랑스, 영국, 벨기에, 네덜란드, 덴마크, 스웨덴의 학자들이었다. 당시 흑백을 분명히 가르는 이원론적인 서양철학과 절대적인 신을 숭배하는 종교적인 사고방식의 테두리 안에 갇혀 있던 유럽인들에게, 불교의 사상은 신선한 충격이었을 것이다. 유럽의 과학자들과 철학자들도 예외는 아니었다. 그렇다고 그들이 기존의 서양식 철학과 사유체계를 버린 것은 아니다. 그들에게 불교는 종교라기보다는 학문적 연구의 대상이었고, 서양식 사유체계의 틀을 깨뜨리고 더 확장해주는 하나의 사상이었다. 그리고 그것은 지금 21세기에도 마찬가지이다.

19세기 말부터 20세기 초에 활동했던 과학자, 심리학자들의 저술과 그들의 자서전을 읽어보면, 그들이 불교에 관한 대담을 하거나, 심지어 학창 시절부터 학생들끼리 종교에 대해 토론을 했었다는 사실에 놀라지 않을 수 없다. 그런데 이 시기는 상대성 이론을 발표한 아인슈타인,

양자역학을 정립시킨 수많은 과학자들이 태어나고 활동했던 시기이다. 불교 사상이 유럽에 보편화되기 시작한 시점과 과학의 대변혁이 일어난 시기가 우연인지 필연인지 서로 일치한다.

4.2 서양 과학자들이 본 불교

초기 유럽에 전해진 불교는 산스크리트 본이었기 때문에 당연히 대승불교가 상좌부불교보다 약간 더 일찍 알려졌다. 대승불교의 대표적 사상이 공(空)사상이다. 불교는 유럽인들이 믿고 있던 절대적인 신도 부정하고, 물질의 실체성도 부정하며, 심지어 정신적인 마음까지도 그 실체성을 부정한다. 그리고 그 이면에는 모든 것이 서로 상호관계 속에서 조건으로 연결되어 있다는 가르침이 들어 있다. 유럽의 철학과 과학은 물질을 분석하고 그 원리를 연구하는 것인데, 상호관계성, 상호조건성을 통해 모든 것의 실체성을 부정하는 사상이나 철학은 그들에게 현상을 새롭게 관찰하는 시각과 아이디어와 상상력을 주기에 충분했다.

특히 양자역학 이론들의 경우, 불교나 주역과 같은 동양 사상과 너무 흡사한 것이 많아서, 서양인들은 《현대물리학과 동양사상》, 《불교와 양자역학》 등의 제목으로 책을 출간하기 시작했고, 그러한 책과 학술자료들은 21세기에 들어 더욱더 많이 나오고 있다.

4.3 양자역학 예: 불확정성의 원리, 쌍생성과 쌍소멸, 양자 얽힘

먼저 양자역학(量子力學, quantum mechanics)에서 양자(量子, quantum)란 거리, 에너지, 운동량 등의 어떤 물리량을 표현하는 최소 단위의 양을 나타내는 용어이다. 양자역학이란 원자와 같이 작은 미시 세계의 운동이나 원리를 양자적 수치로 연구하는 학문이다. 이런 양자의 특성은 바늘 시계처럼 연속적인 것이 아니라, 전자시계처럼 디지털적이어서 특정 물리량의 정수배로 표현된다. 이것은 너무 중요한데, 거시 세계와 미시 세계의 표현에 근본적인 차이가 있을 수밖에 없는 이유이다.

몇 가지 양자역학의 이론과 불교와의 공통점을 간단히 살펴보도록 하자. 원자 물리학의 용어를 잘 모르더라도, 해당 이론이 가지는 철학적 의미를 이해하는 것만으로도 큰 도움이 될 것이다.

(1) 불확정성(不確定性)의 원리

우리가 생활하는 거시적인 세계에서는 야구공과 같은 물체를 던지면 그 위치와 속도를 측정해서 시간에 따른 운동량을 정확하게 계산할 수 있다. 그런데 원자와 같은 미시적인 세계에서는 특정 입자의 '위치'와 '운동량'을 동시에 정확하게 측정할 수 없고, 어디에 존재하는지를 확률적으로만 알 수 있다. 이것을 하이젠베르크(1901~1976)의 '불확정성(不確定性)의 원리'라고 한다. 위치를 정확히 측정하면, 운동량을 정확하게 측정할 수 없고, 운동량을 정확하게 측정하면, 위치를 정확하게 측정할 수 없다.

쉽게 말하면, 우리가 사는 세상에서는 지구 주위를 도는 인공위성의 위치와 속도는 관측하지 않아도 예상해서 계산할 수 있다. 그러나 미시 세계에서는 여러 번의 관찰에 의한 '통계-값'으로 입자의 위치나 운동량을 특정 범위 내의 '기대-값'으로만 예측할 수 있다.

특히, 관측 대상이 되는 두 물리량의 연산 교환법칙이 성립되지 않는 경우에만 불확정성의 원리가 적용된다. 이 말은 위치나 운동량의 관측 순서를 바꾸면, '결과-값'이 또 달라진다는 것을 의미한다. 앞의 관측이 조건이 되기 때문에, 그 이후 관측에서는 관측의 환경조건[場]이 완전히 다른 영역이 될 수 있다. 어찌 보면 당연한 얘기처럼 들리지만, 관측이라는 조건 때문에, 에너지 상태로 있던 미시세계가 물질의 상태로 되는 새로운 장(場)이 될 수도 있기 때문이다.

결국 미시세계는 기본적으로, 인간이 가지고 있는 기존의 사유체계로 보자면, 그 자체가 불확정적이고, 관측에 의해서 더 부정확하게 결정된 데이터를, 확률적 데이터로 받아들여 이해하는 것이라고 할 수 있다.

불교적 관점에서 본다면, 우리가 관찰한다는 것은 그 대상과 상호작용하는 것을 말한다. 관찰이라는 요소가 이루어진 순간 서로 상호의존적 조건관계가 바로 거기에서 성립한다. 왜냐하면, 감각기관(안의 요소: 안이비설신의)이 관찰 대상(밖의 요소: 색성향미촉법)을 인지하기 위해서는 그 대상에 대한 접촉(접촉: 각 육근과 육경과 육식의 접촉)이 반드시 있어야 하기 때문이다. 그런데 관찰자, 관찰대상, 그 사이의 접촉은 모두 그 자체가 오온으로 구성되어 있으며, 이미 변하기 마련인 것들이다. 불확정적인 것들이다. 더군다나 그들이 상호작용하면, 불확정성은 훨씬 증가한다. 그렇기 때문에 미시적 세계든 거시적 세계든 우리는 어떤 것을 조건의 변화에 따라, 인지할 수 있는 조건에 의지해서, '변화하는 관찰자'가 '변화하는 대상'을 '변화하는 접촉'으로 인식하고, 이러한 변화 속에서 결정된 것처럼 보이는 모습을 그 순간순간 연속체의 흐름으로 기억하고 예측하는 것이라고 할 수 있다. 이미 이 책의 앞부분을 읽으신 분들이라면, 위의 설명을 그리 어렵지 않게 이해할 수 있을 것이다.

입자와 같은 미시 세계가 불확정적이라는 것은 확률적으로 여러 가지 가능성이 있다는 말이다. 정해져 있지 않다는 말이다. 우리의 거시 세계 역시 마찬가지다. 사람 또한 운명이 결정된 것이 아니다. 에너지(우리의 행위를 일으키는 의도)를 '어떻게' 그리고 '얼마나' 삶이라는 대상에

쏟아붓느냐에 따라, 우리의 삶 또한 매 순간마다 여러 가지 가능성 가운데 하나로 선택된다.

(2) 쌍생성과 쌍소멸

먼저 입자(粒子)와 반입자(反粒子)에 대해 알아보자. 또는 물질과 반물질이라고도 표현하기도 한다. 반(反)이라는 의미는 거울과 같이 대칭적이라는 의미이다. 어떤 입자가 오른쪽으로 회전한다면, 그에 상응하는 반입자는 왼쪽으로 회전한다. 어떤 입자의 전하량이 -1이면, 그것의 반입자는 +1의 전하량을 갖는다. 양자적으로 측정 가능한 물리량이 이렇게 대칭적인 값을 가져서, 입자와 반입자의 물리적 에너지를 합치면 서로 상쇄되어 0이 된다. 그래서 에너지 보존법칙이 성립한다.

예를 들면, 전자(電子)의 정지 질량 에너지의 두 배 이상의 광자 에너지를 무거운 원자핵에 쏘면, 이 광자의 에너지는 질량을 갖는 입자로 바뀌어, '전자'와 이에 반대되는 '반(反)전자'라는 2개의 입자를 '쌍으로' 생성시키는데, 그 특성은 서로 상반된 특성을 갖는다. 전자가 -1의 전하를 가지면, 반전자는 +1의 전하를 갖고, 전자가 오른쪽으로 회전하면, 반전자는 왼쪽으로 회전한다. 전자뿐만 아니라, 이런 방식으로 만들어진 입자들은 쌍으로 발생하며, 서로 대칭적인 값을 갖는데, 이를 '쌍생성'이라고 한다.

쌍생성으로 만들어진 2개의 입자는 거울에 비친 모습처럼, 대칭성의 물리량을 갖는 입자이기 때문에, 만약 서로 만나면 2개의 입자가 동시에 소멸한다. 물론 질량을 갖는 입자가 소멸하기 때문에, 에너지를 방출하면서 쌍으로 소멸한다. 이것을 '쌍소멸'이라고 한다.

쌍소멸과 쌍생성은 에너지가 입자(물질)로, 다시 입자(물질)가 에너지로 서로 변한다는 것을 의미한다. 또한, 진공 상태에서도 이러한 쌍소멸과 쌍생성이 가능하다는 것은 우리가 인식하는 '비었다'라고 하는 공간이 사실은 에너지로 차 있다는 말이다.

《반야심경》에서 말하는 '물질은 곧 공한 것이요, 공한 것이 곧 물질이다'라는 '색즉시공 공즉시색'(色卽是空 空卽是色)의 말씀을 알고 있다면, 입자물리학의 '쌍생성과 쌍소멸'을 이해하는 데 큰 어려움이 없을 것이다. 쌍생성과 쌍소멸이 의미하는 것은 우리의 세계는 끊임없이 '요동치고 변한다'는 것이다. 그래서 결국 어떤 고정불변의 실체라는 것은 있을 수 없다. 이것은 불교의 사상과 일치한다.

(3) 양자 얽힘

두 개의 입자가 즉각적으로 서로에게 영향을 미치는 강한 상호관계를 말한다. 한 입자의 상태가 결정되면, 거리와 시간에 상관없이 즉각적으로, 다른 입자의 상태 또한 결정되어버린다. 이러한 관계를 '양자 얽힘'이라고 한다.

한 가지 예를 들어, 한 입자가 붕괴하여 전자와 반전자(양전자)로 쪼개질 경우, 앞의 쌍생성에서 설명한 것처럼 전자와 반전자는 서로 반대로 대칭되는 물리량을 갖는다. 날아가는 방향도 반대이며, 전하량도 반대이고, 자전 방향도 반대 방향이다. 그러므로 총합의 물리량은 상쇄되어 0이 된다. 하지만 불확정성의 원리에 의해, 관측하기 전까지 두 입자는 각각 회전 방향이 오른쪽일 수도 또는 왼쪽일 수도 있는 중첩된 상태이다.

자, 여기서 전자를 관측했을 때, 오른쪽으로 회전하는 것을 본 순간, 멀리 떨어져 있는 반전자는 관측하지 않아도 왼쪽으로 회전하는 것이 확정되어 버린다. 왜냐하면, 전자와 반전자의 물리량의 총합이 0이 되어야 하기 때문이다. 만약 전자를 관측했을 때, 왼쪽으로 회전했다면, 반전자가 아무리 멀리 떨어져 있어도 그 즉시 오른쪽으로 회전하는 것이 결정되어 버린다. 이것이 '양자 얽힘'이다. 그런데 이와 같이 서로 얽힘 관계에 있는 두 입자는 '떨어져 있는 거리에 상관없이' 한 입자의 상태가 얽힘 관계에 있는 다른 입자의 상태를 결정해버린다는 것이 양자역학의 설명이다. 즉 시간과 공간에 영향을 받지 않는다는 말이다.

만약 얽힘 관계에 있는 한쪽의 입자의 물리량을 양자역학적인 방법을 이용해서 인위적으로 특정 상태로 바꿔주면, 그때마다 즉각적으로 반대편의 얽힌 입자는 대칭되는 상태로 결정되기 때문에 통신 매개체 없이 즉각적으로 정보가 전달된다. 그래서 이론상으로는 지구와 수십억 광년 떨어진 곳에 양자 얽힘 관계에 있는 입자가 있다면, 지구와 서로 정보를 '즉각적으로' 주고받을 수 있다는 결론을 얻을 수 있다.

양자 컴퓨터와 양자 암호화 등의 기술이 바로 이러한 '양자 얽힘'과 양자의 중첩상태를 이용해서 정보처리를 하는 기술이며, 최근 많은 연구가 진행되고 있다.

양자 얽힘은 불교와 무슨 관계가 있는가?
불교의 가르침을 알고 있는 분이라면, '양자 얽힘'을 듣고 '연기법의 정형구'를 떠올릴 것이다.
『이것이 있을 때, 저것이 있다.
이것이 일어날 때, 저것이 일어난다.
이것이 없을 때, 저것이 없다.
이것이 소멸할 때, 저것이 소멸한다.』

비록 이 정형구가 살아 있는 존재의 생사에 대한 연기법과 관련된 것이지만, 양자얽힘과 같은 강한 상호관계라면 이를 인용해도 괜찮을 것이다.

불교적 우주관으로 볼 때, 이 세상은 그 시작을 알 수 없는 때로부터 생성, 팽창, 수축, 공(空)의 상태를 반복한다. 그래서 끝없이 반복되는 이 세상에서 서로 인연 맺지 않은 존재란 없다는 것이 불교의 입장이다. '양자 얽힘'은 물질이 나타나기 시작한 시점부터 모든 것은 한 번쯤 서로 인연을 맺었던 적이 있었다는 사실을 암시하고 있는 듯하다. 그래서 불교든 양자역학이든, 철학적 관점에서, 우리는 서로 존중하고 배려하면서 살아가야 한다는 사실을 알 수 있다. 양의 기운과 음의 기운, 남자와 여자, 빛과 어둠, 이와 같이 서로 반대되어 보이는 것들이 사실은 그 상대가 없으면 존재의 의미를 잃어버린다.

4.4 양자역학과 주역

'양자 얽힘'에 대한 좋은 예로는 주역의 팔괘(八卦)가 있다. 주역의 팔괘는 천문 우주의 변화하는 이치를 숫자로 담은 역학(易學, 변화에 관한 학문)이다. 동양에서는 절기의 변화와 사람과 나라의 흥망성쇠 및 건강 등의 리듬 변화를 알기 위해 주로 사용해왔다. 반면 17세기 이후로 주역을 받아들인 서양의 학자들은 새로운 관점으로 주역을 통찰하기 시작했다. 그들은 주역에서 영감을 얻어 새로운 철학, 심리학, 수학, 과학의 여러 영역에서 응용하기 시작했다. 노벨 물리학상 수상자이며 양자역학의 아버지라고 불리는 닐스 보어(1885~1962)는 그의 과학적 업적과 공로를 인정받아 덴마크로부터 귀족 작위를 받았는데, 귀족 가문의 문장(紋章)을 태극 문양으로 정하고, '대립적인 것은 상호보완적이다'(CONTRARIA SUNT COMPLEMENTA)라는 글귀를 새겨 넣을 정도였다. 왜냐하면, 그는 주역에서 원자모형의 아이디어를 얻었기 때문이었다.

<닐스 보어의 귀족 가문 문장(紋章)>

아래(다음) 페이지의 도표와 그림을 보자. 먼저 주역에서 양의 기운은 양(+)의 효(爻, 막대표시) ▬로 나타내고, 음(-)의 기운은 음의 효 ▬ ▬로 나타낸다. 이러한 효 3개로 만든 기호들을 팔괘(八卦)라고 한다. 중앙 태극 '원의 둘레 가까이'에 있는 효(爻)가 제일 아래층에 해당하는 효[初爻]이다. 예를 들어, 감坎(물)괘(☵)의 맨 아래 효는 음▬ ▬이고, 두 번째 효는 양▬이며, 세 번째 효는 또 다시 음▬ ▬이다.

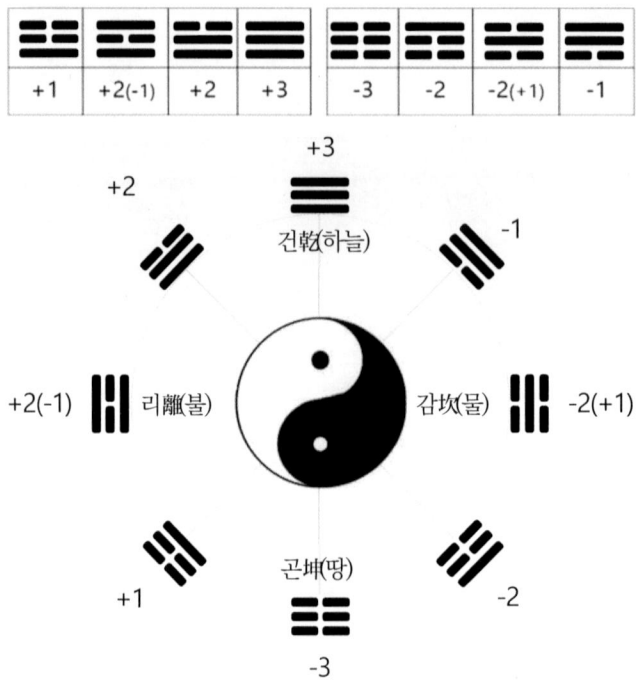

태극원을 중심으로 서로 대칭되는 자리에 있는 괘들은 '양자 얽힘' 관계에 있다. 건괘(☰, 하늘)와 대칭되는 곤괘(☷, 땅)는 각 효(막대표시)가 맨 아래부터 위로 3번째까지 서로 반대되는(━, ╌) 값이 3층으로 쌓인 형태이다. 그리고 그 에너지의 합은 0이다. 따라서 한쪽의 괘가 결정되면, 그 반대쪽에 대칭되는 곳의 괘는 자동으로 결정된다 ('얽힘 관계', 각 층마다 서로 반대의 괘가 위치한다). 태극원에서 흰색 부분은 양의 영역이다. 가장 큰 흰색 부분[머리 부분]이 가장 큰 양의 에너지(+3)를 나타내며, 흰색의 마지막 꼬리 부분이 제일 낮은 양의 에너지(+1)를 나타낸다. 가장 큰 검은색 머리 부분이 가장 큰 음의 에너지(-3)이고, 검은색의 꼬리 부분이 가장 낮은 음의 에너지(-1)이다.

가운데 중앙에 있는 태극의 회전 방향은 시계방향이다. 이것은 불교에서도 마찬가지이다. 《화엄경》에서도 시계방향을 회전의 정방향으로 설명하고 있다. 그래서 우측 어깨를 드러내고 가사를 입은 스님들은 부처님 주위를 3번 돌 때, 우측 어깨가 부처님 몸을 향하도록 해서 돈다. 즉 시계방향으로 돌아서 예경을 표시한다. 탑돌이를 할 때도 마찬가지이다. 우주가 움직이며 생성되는 방향은 시계방향이다. 시계방향으로 에너지가 흐르며 생성된다. 반대로 반시계방향은 에너지가 흩어지는 것이며, 쇠퇴와 소멸을 의미한다. 만약에 반대 방향으로 돌아가는 모습을 보았다면, 그것은 흩어지는 에너지이거나, 관측자가 3차원적으로 180도 정반대 방향에서, 생성되는 에너지의 흐름을 반대로 보고 있다고 생각하면 된다.

4.5 태극기에 대한 고찰

잠시, 머리도 식힐 겸(?), 태극기에 대해서 알아보도록 하자. 태극기는 8괘 가운데, 동서남북의 방향을 의미하는 4괘(건-곤-감-리)를 이용해서 만든 것이다. 옛날부터 내려오는 기록에 근거하여, 주역 8괘를 창시한 복희씨(伏羲氏)가 우리 민족의 조상이었기 때문에, 주역의 괘를 이용해서 국기를 만든 것이 아닌가 추측해 본다. 우주 전체의 원리를 한 나라의 국기에 담을 정도로, 사유체계의 수준이 정말 남다른 민족이라고 할 수 있겠다. 자긍심을 가져도 좋다. 주역 팔괘에서 태극과 동서남북의 4괘만을 남기면 아래와 같다.

<팔괘에서 동서남북 괘만 남긴 경우>

다시 이것을 시계방향으로 45도 회전하면, 아래와 같다.

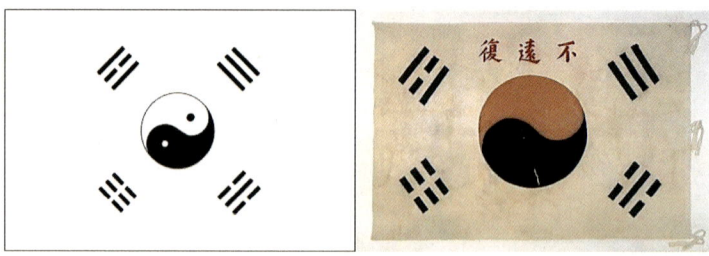

<주역의 태극과 4괘를 45도 시계방향으로 회전한 경우>

오른쪽의 태극기 사진은 조선 말 전남 구례 일대에서 활약한 의병장 고광순(1848~1907) 님이 사용한 것으로 알려진 태극기이다. '머지않아 국권을 회복한다(불원복不遠復)'라는 글귀가 쓰여 있다. 오른쪽에 국기봉에 매달 수 있는 3개의 끈이 보인다. 글씨와 국기봉의 끈이 있기 때문에 어느 방향이 정방향이었는지 정확하게 알 수 있다(옛날에는 우측에서 좌측으로 썼다). 이 태극기가 주역(周易)에서 봤을 때, 가장 정확한 태극기이다.

과거부터 지금까지, 국내외 가릴 것 없이, 태극기를 그릴 때 오류가 많은 이유는 첫째 주역의 원리를 제대로 설명해 주지 않고 있기 때문이다. 둘째 현재 사용 중인 태극기가 주역의 원리와 '다르게' 그려져 있기 때문이다. 독립기념관 설명을 인용하자면, 1949년 태극기 공표 시에, 이미 도안에 문제가 있다는 것을 알고 있었음에도 불구하고, 일본에 항거하다 숨진 분들이 가장 많이 사용했던 태극기의 도안을 그대로 사용하기로 했다는 것이다. 그리고 남북이 통일되면 다시 국기를 제정하기로 했다는 설명이 붙어 있다.

저자의 생각은 이렇다. 남북 분단이 있기 이전에 같이 사용했던 국기가 태극기이다. 통일 후에도 그대로 사용하는 것이 더 의미가 있지 않을까? 독립투사들 역시 태극기를 그릴 때, 주역의 원리를 완전히 알지 못했기 때문에, 사람마다 다르게 그렸을 가능성이 아주 높다. 그것은 현재에도 마찬가지이다. 국민 1,000명을 무작위로 뽑아서 태극기를 그리게 한다면 몇 %가 정확하게 그릴까? 70년 전부터, 잘못된 태극기에 경례하도록 배운 사람들은 이제 70세의 어르신들이 되었고, 그들의 손자들 역시 똑같은 전철을 밟고 있다. 태극기의 잘못을 지적한 사람은 저자뿐만이 아니다. 역대로 많은 사람들이 오류를 지적해 왔다. 현재의 태극기를 고집하는 것이 과연 목숨 바쳐 나라를 찾으려 했던 독립투사들을 진정으로 위하는 길인가?

태극기에 오류가 생기는 또 다른 이유 중의 하나는 국기봉에 달지 않았을 경우, '어느 쪽이 정면인지' 헷갈릴 수 있다는 것이다. 그리고 또한 국기봉에 매달았다 하더라도, 왼쪽으로 펼치느냐 오른쪽으로 펼치느냐에 따라 달라지기 때문이다. 불원복(不遠復)이라는 태극기를 국기봉에 매단 상태에서 우측으로 펼치면 아래 왼쪽과 같이 보인다.

<불원복 태극기를 우측으로 펼친 경우> 그리고 <현재의 태극기>

　현재의 태극기는 이러한 모습과 닮았다. 그런데 현재의 태극기는 우측 상단과 좌측 하단의 2개의 대칭되는 괘가 뒤바뀌어 있다. 주역의 이치에 전혀 맞지 않는다. 음의 영역에 있어야 할 괘(☵)가 양의 영역에 표시되어 있고, 양의 영역에 있어야 할 괘(☶)가 음의 영역에 표시되어 있다. 거기다가 180도 회전한 것이기 때문에, 중앙 태극의 회전 방향도 반대 방향으로 바뀌어 버렸다. 뒤죽박죽이다.

　일단 태극기의 4괘 배치를 현재의 태극기와 같이 유지하면서 수정하기로 한다면, 결정할 것은 단 1가지이다. 태극원의 양(陽)의 둥근 머리 부분을 왼쪽 상방으로, 꼬리를 왼쪽 하방으로 바꾸는 것이다(☯, 시계 방향 회전). 간단히 말하면, 원래의 주역 8괘에서 동서남북 4괘만을 남긴 형태를 -45도 회전한 것과 같이 만들면 된다.

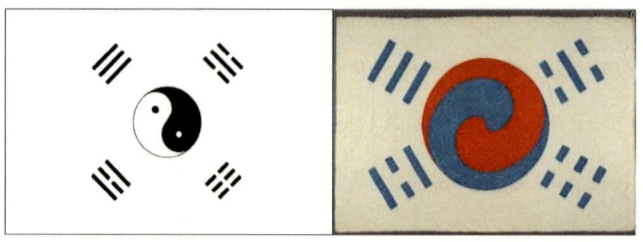

<주역의 태극과 4괘를 -45도 회전한 경우> 그리고 <데니의 태극기>

제 4 장 불교와 현대 물리학   183

고종황제가 미국인 데니에게 주었던 태극기가 정확히 이러한 모양이다. 국기봉에 매다는 끈이 오른쪽에 있다. 태극원을 그리는 방법은 여러 가지인데, 정확히 괘와 일치하게 시계방향으로 그렸다.

'세로' 형태의 태극원이 현대인에게는 낯설지만, 옛날에는 흔했다는 증거가 아래에 또 있다.

목판 태극기(1919년 3.1운동 때에 사용한 것으로 추정됨.)	인쇄 후의 모양은 앞의 불원복 태극기와 같다. +45도 시계방향으로 회전시킨 태극기이다. 태극이 세로 형태를 유지하고 있다.

김구 선생님이 1941년 미국인 미우스 오그 신부에게 준 태극기(4괘의 위치는 맞는데, 태극의 회전방향이 반시계방향이다. 서명을 뒷면에 한 것으로 추정됨.)	우측으로 펼치면 올바른 형태가 된다. 1940년대 즈음해서는 국기를 서양처럼, 국기봉에서 오른쪽으로 펼쳐 사용했을 가능성이 있다. 역시 태극이 세로 형태이다.

주역의 태극과 괘의 원리를 요약하면 다음과 같다.
1. 태극의 회전 방향은 '시계방향'이다. 흰색 양(陽)의 둥근 머리 부분과 양의 기운이 줄어드는 꼬리의 위치가 회전 방향을 결정한다.
2. 양의 괘는 에너지 순에 따라, 태극원의 양의 영역 부분에 표시한다. 음의 괘는 양의 괘와 '얽힘 관계'이기 때문에, 따로 외우지 않아도 이미 결정되어 있다.

참고로, 괘를 그리는 방법에 대해 알아보자. 단순한 원리인데, 나무를 거꾸로 뒤집은 모양에서, 뿌리로부터 매 가지마다 양陽과 음陰이라는 2개의 나뭇가지가 반복해서 나오는 단순한 원리이다.

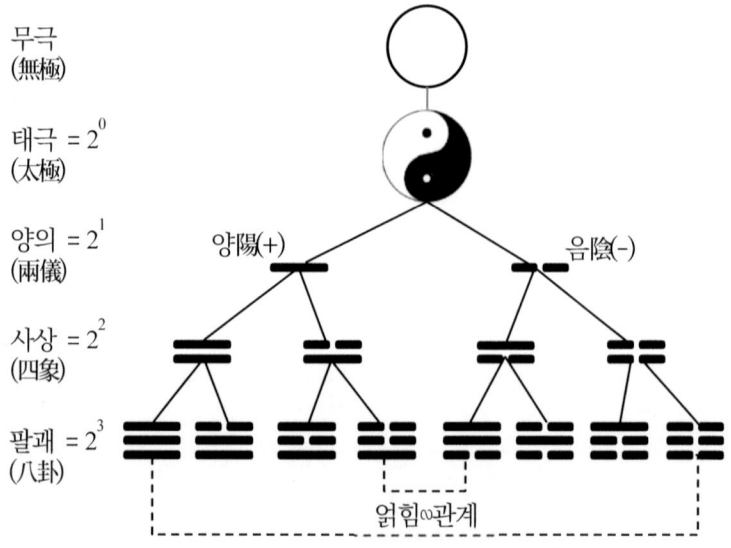

먼저 첫 번째 줄에서는, 태극(☯)에서 양(━)과 음(╍)을 아래로 하나씩 그린다. 그다음 두 번째 줄은 각각 양과 음에서 2개의 가지를 그린다. 아래 단계(자식)의 괘는 바로 위 단계(부모)의 괘(유전자)를 그대로 받아 '맨 아래층'에 놓아둔다. 그리고 각각 2개의 가지(자식)마다 부모로부터 받은 괘(유전자) 위에, 양(━)과 음(━ ━)을 각각 하나씩 올려놓는다. 이것의 반복이다.

예를 들면, 그림의 맨 왼쪽에 있는, 첫 번째 줄의 양의 괘(━)에서 나온, 두 번째 줄의 두 개의 자식은 각각 '맨 아래층'에 '부모와 같은 괘'(━), '부모와 같은 괘'(━)를 기본적으로 갖는다. 그리고 그 위에 다시 하나는 양의 괘를 올려놓고(☰), 다른 하나는 음의 괘를 올려놓는다(☱).

그림의 맨 오른편에 있는, 첫 번째 줄의 음의 괘(━ ━)에서 나온, 두 번째 줄의 두 개의 자식은 '맨 아래층'에 각각 '부모와 같은 괘'(━ ━), '부모와 같은 괘'(━ ━)를 기본적으로 갖는다. 그리고 그 위에 다시 하나는 양의 괘를 올려놓고(☳), 다른 하나는 음의 괘를 올려놓는다(☷).

두 번째 줄의 양의 괘(☰)에서 나온, 세 번째 줄의 두 개의 자식은 '맨 아래층'에 각각 '부모와 같은 괘'(☰), '부모와 같은 괘'(☰)를 기본적으로 갖는다. 그리고 그 위에 다시 하나는 양의 괘를 올려놓고(☰), 다른 하나는 음의 괘를 올려놓는다(☴). 나머지도 이런 방식이다. 그 이하 괘를 더 많이 그릴 때도 같은 방법의 연속일 뿐이다. 여기에서도 서로 좌우 대칭관계에 있는 괘들은 '양자 얽힘' 관계가 성립한다. 각 층의 효(爻, 막대기)의 모양, 즉 음과 양이 서로 대칭관계이다. 그래서 에너지의 합은 0이 된다.

수학적으로 얘기하면 이진법이라고 하고, 이러한 그림을 '이진 트리'(binary tree)라고 한다. 17세기 이진법에 따른 숫자의 표현과 계산법을 소개한 라이프니츠는 주역의 64괘에서 그 아이디어를 얻어 만들었다고 기술한 바 있다. 양은 1로 표시하고, 음은 0으로 표시한다. 이진법은 컴퓨터의 저장과 검색 방법(알고리즘)에서 많이 사용된다. 그리고 이 0과 1의 조합으로 컴퓨터는 소리, 영상, 게임, 가상현실 등 현상세계의 거의 모든 것을 만들어낸다. 주역이 괘의 조합으로 현상 세계의 모든 것과 그 변화를 설명하고 있는 것과 이진법으로 이루어진 컴퓨터가 하는 일이 너무나 흡사하지 않은가? (참고로, 저자는 앞부분에서 '양자 얽힘'을 설명하기 위해, 괘를 2진법이 아닌 에너지 차원의 숫자로 표현했다.)

아래에 팔괘의 그림을 다시 그렸다. '양자 얽힘' 관계를 이해했다면, 반대편의 괘를 정확하게 그려 넣을 수 있을 것이다.

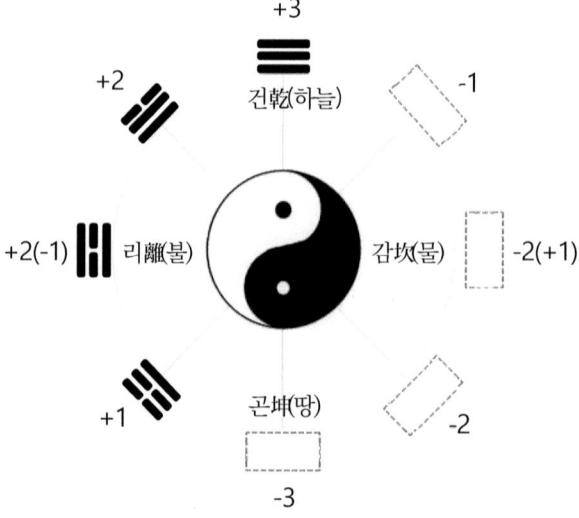

4.6 현대 물리학에 대한 불교의 입장

미시 세계의 모습에서부터 거시적인 세계의 모습까지 불교 경전에 나오는 내용과 현대 물리학의 이론은 상당 부분 공통점이 많다. 특히 '대승불교' 경전이 그러하다. 이웃 나라 일본의 노벨 물리학 수상자는 9

명이다. 기초과학이 튼튼한 일본이기는 하지만, 동양 사상, 특히 불교적 세계관으로 현상을 바라보고 생각한 것이 큰 도움이 되었을 것이다.

특히, 수학, 입자 물리학, 천체 물리학, 심리학 등을 전공하시는 분이라면, 불교를 믿지 않더라도, 한 번쯤 불교에 관한 서적이나 동양사상에 관한 책을 읽어보길 바란다. 세상을 바라보는 새로운 시각과 생각의 자유를 얻을 수 있으리라.

과학에서는 이론을 이해하기 위한 수학적 능력도 중요하다, 그러나 어떤 이론이 만들어지게 된 '역사(歷史)'를 가르치는 것이 더 중요할 수도 있다. 거기다 새로운 이론이나 돌파구를 찾아내야 한다면, '평소에 철학적 사유'를 할 수 있는 혼자만의 시간이나 토론의 시간을 자주 갖는 것이 정말 중요하다. 그리고 여기에는 서양철학 보다, 동양철학이 훨씬 더 큰 도움이 될 것이다.

불교와 현대물리학이 서로 비슷한 점을 공유한다는 점은 참 흥미롭다. 주로 불교 문헌에서 언급하는 세계에 대한 설명(예, 《화엄경》)은 현상세계를 더 잘 이해하라는 취지에서 설명해 놓은 것이다. 불교 수행자는 현상세계 자체를 깊이 공부할 대상으로 삼지는 않는다. 왜냐하면, 현상세계의 실체가 공(空)한 것임을 통찰하여, 괴로움의 원인이 되는 집착에서 완전히 벗어남, 평온, 깨달음으로 이끌어 주는 성스러운 삶이 더 가치 있는 일이기 때문이다.

불교는 '우주는 영원한가?', '우주는 무한한가'와 같은 시간적, 공간적 존재론에 대한 대답을 주지 않는다. 이렇게 존재론적인 문제에 대한 부처님의 입장을 '독화살의 비유'를 통해 알아보도록 하자. ■

《말룽꺄 짧은 경》

(*CūḷaMāluṅkya Sutta*) MN 63

이와 같이 나는 들었다. 한때 세존께서는 사왓티에 있는 제따 숲의 급고독원에 머무르고 계셨다.

……

……

어느 날 말룽꺄뿟따는 오후 수행을 하다가 일어나서, 세존을 찾아가 인사드리고, 세존의 옆에 앉았다. 그리고 이렇게 말씀드렸다.

"스승이시여, 아무도 없이 홀로 수행하고 있을 때, 이러한 생각이 제게 일어났습니다."

『세존께서 설명하지 않고, 한쪽으로 제쳐두고, 대답을 거부한 이러한 질문들이 있다. 즉,

1) 우주는 영원한가? 2) 우주는 영원하지 않은가?
3) 우주는 유한한가? 4) 우주는 무한한가?
5) 영혼은 이 몸과 같은 것인가?
6) 영혼은 이 몸과 다른 것인가?
7) 여래는 죽은 후에 존재하는가?
8) 여래는 죽은 후에 존재하지 않는 것인가?
9) 여래는 죽은 후에, 존재하고, 그리고 존재하지도 않는 것인가?
10) 여래는 죽은 후에, 존재하지 않고, 그리고 존재하지 않는 것도 아닌 것인가?

이러한 문제들을 세존께서는 내게 설명하지 않고 있다. 이러한 것은 내게 만족스럽지 못하고, 나는 그것을 용납하지 못하겠다. 세존께 가서 이 문제를 여쭈어야겠다. 만일 세존께서 이 문제를 … 설명해 주시면,

세존 아래서 성스러운 삶을 계속 따르겠다. 만약 세존께서 이 문제를 … 설명해 주지 않으시면, 승단을 떠나 버리겠다. 만약 세존께서 '우주는 영원하다'라고 알고 있다면, 세존께서는 그렇다고 그것을 설명할 것이다. 만약 세존께서 '우주는 영원하지 않다'고 알고 있다면, 세존께서는 그렇게 말씀할 것이다. 만약 세존께서 '우주는 영원한가, 혹은 영원하지 않은가?' 등에 대해 알지 못하면, 알지 못하는 사람은 '나는 알지 못한다, 나는 보지 못한다'라고 말씀하시는 것이 솔직한 것이다.」

"과거에 내가 말룽꺄뿟따여, '오너라. 말룽꺄뿟따여, 내 밑에서 성스러운 삶을 영위하라. 내가 너에게 이러한 문제들을 설명해 주리라'라고 말한 적이 있더냐?"

"아니요, 없습니다. 스승이시여."

"그렇다면 말룽꺄뿟따여, 과거에 직접 그대가 나에게, '스승이시여, 저는 세존 아래서 성스러운 삶을 영위할 것이며, 세존께서는 저에게 이러한 문제들을… 설명해 주실 것입니다'라고 말한 적이 있더냐?"

"아니요, 없습니다. 스승이시여."

"현재 지금조차도, 말룽꺄뿟따여, 나는 너에게, '와서 내 밑에서 성스러운 삶을 영위하라, 내가 너에게 이러한 문제들을 설명해 주리라'라고 말하고 있지 않다.

그리고 지금 너도 또한 내게, '스승이시여, 저는 세존 아래서 성스러운 삶을 영위할 것이며, 세존께서는 저에게 이러한 문제들을 설명해 줄 것입니다'라고 말하고 있지 않다.

이러한 상황에서, 그대 어리석은 이여, 누가 누구를 거부하고 있는 것이냐?"

[독화살의 비유]

"말룽꺄뿟따여, 만일 어떤 사람이 말하길, '나는 세존이 이러한 질문들을 설명할 때까지는, 세존 아래서 성스러운 삶을 영위하지 않겠다'라고 한다면, 그는 여래가 답하지 않는 이런 질문들을 간직한 채 죽을 것이다.

말룽꺄뿟따여, 어떤 사람이 독화살에 상처를 입어, 그의 친척들과 친구들이 그를 의사에게 데려갔다고 가정해보자. 그런데 그 부상당한 남자가 이렇게 말한다고 가정해보자."

『나에게 화살을 쏜 사람이 무사(武士) 신분인지, 아니면 성직자 신분인지, 아니면 농상업인 신분인지, 아니면 하층민 신분인지 알 때까지는, 나는 화살을 뽑도록 허락하지 않을 것이다.

나에게 화살을 쏜 사람의 이름과 성(姓)을 알 때까지는, 나는 화살을 뽑도록 허락하지 않을 것이다.

나에게 화살을 쏜 사람이 키가 큰지, 작은지, … 얼굴색은 검은색, 황색, …, 어느 마을, 읍내, 도시 출신인지 알 때까지는, 나는 화살을 뽑도록 허락하지 않을 것이다.

나를 맞춘 활의 종류 …, 사용된 활줄의 종류 …, 화살의 종류 … …, 그리고 화살촉의 종류를 알 때까지는, 나는 화살을 뽑도록 허락하지 않을 것이다.』

"말룽꺄뿟따여, 그 사람은 이러한 것들 가운데 그 어떤 것도 알지 못하고 죽을 것이다. 마찬가지로 말룽꺄뿟따여, 만일 어떤 사람이 말하길, '세존께서 우주가 영원한지, 아니면 그렇지 않은지, … 등과 같은 질문에 대해 대답해 주시기 전까지는, 나는 세존 아래서 성스러운 삶을 따르지 않을 것이다'라고 말한다면, 그는 여래가 답하지 않는 이런 질문들을 간직한 채 생을 마감하게 될 것이니라."

……

……

"누군가 우주가 영원한지, 아니면 그렇지 않은지, … 등과 같은 이러한 문제들에 대하여 그 어떤 견해를 가지고 있다 하더라도, 태어남, 늙음, 쇠함, 죽음, 슬픔, 한탄, 고통, 고뇌, 절망은 여전히 있는 것이다. 그러나 나(여래)는 '지금 여기에서', 그러한 것들의 '소멸(부숨)'을 천명하는 것이니라."

"그러므로, 말룽꺄뿟따여, 내가 설명한 것은 설명한 대로, 설명하지 않은 것은 설명하지 않은 대로, 마음속에 간직해 두어라. 내가 설명하지 않은 것은 무엇인가? 우주는 영원한가, 아니면 그렇지 않은가, … 등 (이러한 10가지 견해들)을 나는 설명하지 않았다. 왜 말룽꺄뿟따여, 나는 이것들을 설명하지 않았는가? 왜냐하면, 그것은 유용하지 않으며, 그것이 정신적으로 성스러운 삶과 근본적으로 연결되어 있지 않고, 탐욕에서 벗어남, 집착에서 벗어남, 소멸, 평온, 깊은 통찰, 완전한 깨달음, 열반으로 이끌어 주지 못하기 때문이다. 그런 까닭에 나는 그대에게 이러한 것들에 대해 말하지 않았느니라."

"그렇다면 말룽꺄뿟따여, 나는 무엇을 설명하였는가? 나는 괴로움[苦], 괴로움의 기원[集], 괴로움의 소멸[滅], 그리고 괴로움의 소멸에 이르는 길[道]을 설명했느니라. 왜, 말룽꺄뿟따여, 나는 그것을 설명했는가? 왜냐하면, 그것은 유용하고, 정신적으로 성스러운 삶과 근본적으로 연결되어 있으며, 탐욕에서 벗어남, 집착에서 벗어남, 소멸, 평온, 깊은 통찰, 완전한 깨달음, 열반으로 이끌어 주기 때문이니라. 그러므로 나는 그것을 설명했느니라."

"그러므로, 말룽꺄뿟따여, 내가 설명한 것은 설명한 대로, 설명하지 않은 것은 설명하지 않은 대로, 마음속에 간직해 두어라."

세존께서는 이렇게 말씀하셨다. 기쁨에 찬 말룽꺄뿟따 존자는 세존의 말씀에 환희하였다.

###

《씨사빠(심사빠) 숲 경》

(Sīsapāvana Sutta) SN 56.31   (*다른 본에서는 *Siṃsapā Suttaṃ*으로 되어 있다.)

한때 세존께서는 꼬삼비에 씨사빠 숲에 머무르셨다. 그때 세존께서는 씨사빠 숲의 나뭇잎을 손으로 조금 쥐시고는 비구들에게 말씀하셨다.

"이를 어떻게 생각하느냐, 비구들이여? 내가 손으로 조금 잡은 씨사빠 숲의 이 나뭇잎과 씨사빠 숲 위에 있는 나뭇잎들 가운데, 어느 것이 더 많겠느냐?"

"세존께서 손으로 조금 잡으신 나뭇잎은 너무나도 적습니다. 이 씨사빠 숲 위에 있는 것들이 훨씬 더 많습니다."

"이와 같이 비구들이여, 초월적 지혜 가운데에서 내가 말하지 않은 것이 훨씬 더 많으니라. 비구들이여, 무슨 이유로 말하지 않는 것인가? 비구들이여, 실로 이것은 이로움[利]을 가져오지 않으며, 성스러운 삶의 시작으로, 염오함으로, 탐욕을 여읨으로, 소멸로, 고요함으로, 초월적 지혜로, 깨달음으로, 열반으로 인도하지 못한다. 그렇기 때문에 그것을 말하지 않은 것이니라."

"비구들이여, 나는 무엇을 말하였는가? 비구들이여, '이것이 괴로움이다'라고 나는 설하였다(고성제). '이것이 괴로움의 기원이다'라고 나는 설하였다(집성제). '이것이 괴로움의 소멸이다'라고 나는 설하였다(멸성제). '이것이 괴로움의 소멸로 인도하는 길이다'라고 나는 설하였다(도성제)."

"비구들이여, 무슨 이유로 나는 이것을 설하였는가? 비구들이여, 실로 이것은 이로움[利]을 가져오며, 성스러운 삶의 시작으로, 탐욕을 여읨으로, 소멸로, 고요함으로, 초월적 지혜로, 깨달음으로, 열반으로 인도한다. 그렇기 때문에 그것을 설하였느니라."

"그러므로 비구들이여, '이것이 괴로움이다'라고 공부해야 하느니라. '이것이 괴로움의 기원이다'라고 … , '이것이 괴로움의 소멸이다'라고 … , '이것이 괴로움의 소멸로 인도하는 길이다'라고 공부해야 하느니라." (사성제)

###

제 5장

팔정도(八正道)

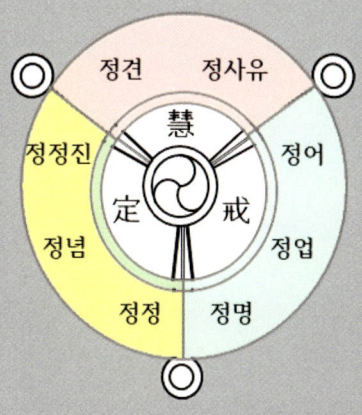

제 5 장

팔정도(八正道)

5.1 팔정도

팔정도(八正道)는 '여덟 가지 성스러운 길'로서, 부처님께서 제시한 '괴로움을 소멸시키는 길'이다. 이미 3.6절의 '네 가지 성스러운 진리'인 사성제를 설명할 때, 간단히 소개했었다.

1. 바른 견해 (정견正見)
2. 바른 생각 (정사유正思惟)
3. 바른 말 (정어正語)
4. 바른 행동 (정업正業)
5. 바른 직업 (정명正命)
6. 바른 정진 (정정진正精進)
7. 바른 마음챙김 (정념正念)
8. 바른 삼매 (정정正定)

부처님께서는 《초전법륜경》에서 이와 같이 말씀하셨다.
【 "비구들이여, 출가한 사람은 이 두 가지 양극단을 행해서는 아니 되느니라. 무엇이 그 두 가지인가?

하나는 욕망 속에서 '감각적 욕망'의 즐거움을 추구하는 것이다. 이는 저급하고, 품위 없고, 범부에 속하는 것이며, 성스럽지 못하고, 이익이 없다.

또 다른 하나는 '자기 고행'에 몰두하는 것으로, 이는 고통스럽고, 성스럽지 못하고, 이익이 없다.

비구들이여, 이 두 양극단을 피해서, 여래는 중도(中道)를 깨달았노라. 그것은 눈을 주고, 앎을 주며, 그리고 그것은 고요함으로, 통찰지혜로, 깨달음으로, 열반으로 이끌어 준다."

"그러면 무엇이 중도(中道)인가 … …? 그것은 바로 '성스러운 여덟 가지 길'인 팔정도(八正道)이다. 즉, **바른 견해, 바른 생각, 바른 말, 바른 행동, 바른 직업, 바른 정진, 바른 마음챙김, 바른 삼매**이다. 이것이 여래가 깨달은 중도이며, 그것은 '눈'을 주고, 그것은 '앎'을 주며, 그리고 그것은 '고요함'으로, '통찰지혜'로, '깨달음'으로, '열반'으로 이끌어 준다."] -《초전법륜 경》(SN56.11)-

자 이제, '괴로움을 소멸시키는 방법'인 팔정도를 자세히 알아보도록 하자. 팔정도의 각 항목을 하나씩 읽을 때마다, 이번 5장의 마지막 페이지(p204)에 소개한 '부처님의 가르침 요약도'를 참고하라. 팔정도의 전체적인 윤곽을 파악하는 데 도움이 될 것이다.
(팔정도에 대한 설명은 초기경전의 《분석 경(SN 45.8)》을 참고하라.)

1. 바른 견해 (정견正見)
    (1) 괴로움에 대한 앎(고성제),
    (2) 괴로움의 기원에 대한 앎(집성제),
    (3) 괴로움의 소멸에 대한 앎(멸성제),
    (4) 괴로움의 소멸에 이르는 길에 대한 앎(도성제)이다.

다름 아닌 '네 가지 성스러운 진리'인 사성제(四聖諦: 고-집-멸-도)에 대해 알고 있는 것을 '바른 견해'라고 한다. (물론 '선한 것'과 '선하지 못한 것'을 구분하여 아는 것 등등 여러 가지 바른 견해가 있지만, 사성제에 대한 앎이 가장 대표적인 바른 견해이다.)

2. 바른 생각 (정사유正思惟)
  (1) '집착/욕망에서' 벗어나려는 생각, (무욕념無欲念)
  (2) 악의 없는 생각, (무에념無恚念)
  (3) 해를 가하지 않으려는 생각이다. (무해념無害念)

3. 바른 말 (정어正語)
  (1) 거짓말하지 않는다. (불망어不妄語)
  (2) 분열과 불화를 가져오는 말을 하지 않는다. (불양설不兩舌)
  (3) 거친, 무례한, 욕설적인 언어를 쓰지 않는다. (불악구不惡口)
  (4) 헛된, 쓸모없는 수다와 잡담을 삼가는 것이다. (불기어不綺語)

4. 바른 행동 (정업正業)
  (1) 생명을 죽이지 않는다. (불살생不殺生)
  (2) 주지 않은 물건을 가지지 않는다. (불투도不偸盜)
  (3) 부적절한 음행을 하지 않는다. (불사음不邪婬)

5. 바른 직업 (정명正命)
  성스러운 제자라면 삿된 직업을 버리고 바른 직업으로 생계를 영위한다. 남에게 해를 끼치는 사기, 협박, 유해물질 판매, 무기 판매, 도축 등을 수단으로 생계를 꾸려나가지 말라는 뜻이다.

6. 바른 정진 (정정진正精進)

다음의 네 가지를 '힘을 기울여, 정진하려는 강력한 의지'이다.

(1) 아직 일어나지 않은 나쁜 법들이 일어나는 것을 미리 막고
(2) 이미 일어난 나쁜 법들을 제거하고,
(3) 아직 일어나지 않은 선한 법들이 일어나도록 하고,
(4) 이미 일어난 선한 법들을 증장시키고 완벽하게 하는 것이다.

위의 네 가지를 '네 가지 바른 정진' 또는 '네 가지 바른 결단'이라고 한다. (사정근四正勤 또는 사정단四正斷: 각각 (1) 율의단(律儀斷), (2) 단단(斷斷), (3) 수단(修斷), (4) 수호단(隨護斷)이라고 한다.)

7. 바른 마음챙김 (정념正念)   (제7장을 참고하라.)

다음의 네 가지(몸, 느낌, 마음, 법)에 대해서, 세상에 대한 탐욕과 고뇌를 버리면서, '열심히 알아차리고 마음챙김하는 것'이다.

(1) 몸[身]- 호흡, 몸의 자세 등.
(2) 느낌[受]- 즐거운[낙樂], 괴로운[고苦], 또는 즐겁지도 괴롭지도 않은 느낌[불고불락不苦不樂].
(3) 마음[心]- 탐욕, 증오, 미혹, 집중, 해탈의 마음 상태 등.
(4) 법(法, 가르침)- 오개, 오온, 육처, 칠각지, 사성제 등.

위의 네 가지를 이용한 마음챙김 수행을 '네 가지 마음챙김의 기반' 또는 '네 가지 마음챙김의 확립'이라고 한다. (사념처四念處 또는 사념주四念住)

8. 바른 삼매 (정정正定)　　(제6장을 참고하라.)
(1) 초선(初禪): 감각적 욕망과 불선한 법을 떨쳐버린 후에, '일으킨 생각'[尋심]과 '지속적 고찰'[伺사]이 있고, (감각적 욕망을) 떨쳐버려서 생긴 희열[喜희]과 행복[樂락]이 있는 초선에 들어 머문다.
(2) 이선(二禪): '일으킨 생각'과 '지속적 고찰'이 가라앉아 멈추기 때문에, '일으킨 생각'과 '지속적 고찰'은 없으며, 내적인 고요함[內淨내정]이 있고, 마음의 하나 됨(心一境性심일경성)과, 삼매에서 생긴 희열[喜희]과 행복[樂락]이 있는 이선(二禪)에 들어 머문다.
(3) 삼선(三禪): 희열이 식기 때문에, 평정[捨사]하고, 마음챙기고[念념], 알아차리며[知지] 머무른다. 몸으로 행복[樂락]을 경험한다. '평정하고, 마음챙기며, 행복하게 머무른다'라고 성인들이 선언한 삼선(三禪)에 들어 머문다.
(4) 사선(四禪): 행복과 괴로움도 버리고, 과거의 기쁨과 슬픔을 내려놓아 괴롭지도 즐겁지도 않으며(不苦不樂불고불락), 순수한 평정[捨사]과 순수한 마음챙김[念념]이 있는 사선(四禪)에 들어 머문다.

5.2 계-정-혜 삼학(三學)

이러한 팔정도는 괴로움을 소멸시키는 길이면서, 불교의 핵심요소인 삼학(三學, 계-정-혜)을 완성하는 길이기도 하다.
(1) 계(戒)는 수행자가 지켜야 할 윤리 덕목으로서, 팔정도의 '바른 말'(정어), '바른 행동'(정업), '바른 직업'(정명)이 이에 해당한다.
(2) 정(定)은 수행자의 정신수련과 관련된 것으로, '바른 정진'(정정진), '바른 마음챙김'(정념), '바른 삼매'(정정)가 이에 해당한다.
(3) 혜(慧)는 수행자가 수행에 있어서 알고 있어야 하는 지식 또는 지혜로서, '바른 견해'(정견), '바른 사유'(정사유)가 이에 해당한다.

팔정도는 괴로움을 소멸시키기 위한 수행 방법이라는 점을 다시 한 번 상기시켜주고 싶다. '바른 견해'(정견)와 '바른 생각'(정사유)은 나침반과도 같다. 올바른 견해와 생각으로 행동해야 남에게도 이롭고 자신에게도 이롭기 때문이다. 팔정도에서도 《반야심경》에서와 마찬가지로 지혜를 제일 중요하게 여기고 있음을 알 수 있다. 팔정도의 첫 번째, 두 번째 항목인 '바른 견해'(정견)와 '바른 사유'(정사유)가 지혜와 관련된 항목이라는 것이 이를 증명하고 있다. 팔정도의 '바른 생각'(정사유)의 항목을 곰곰이 사유해 본다면, 어떻게 행동해야 할지 답이 나온다. 자연스럽게 이것은 계행(윤리 덕목)과 연결되어 있기 때문에, '바른 말'(정어), '바른 행동'(정업), '바른 직업'(정명)을 가질 수밖에 없다.

우리의 행위가 업(카르마)을 만든다고 일찍이 앞에서 언급했었다. 좋은 업을 만들면, 수행에 도움이 된다. 이미 계행으로 감각적 욕망이나 악의적인 마음이 어느 정도 제어된 상태이기 때문이다. 이러한 정신적 요소들이 많이 없어진 상태일수록, '바른 마음챙김'(정념)이나 '바른 삼매'(정정) 수행이 쉬워진다. 계행이 중요한 이유이다.

5.3 팔정도에서 공(空)은 어디에 해당하나?

이제까지 《반야심경》에서 그렇게 강조했던 '오온은 공하다'라는 이치는 팔정도의 어디에 해당하는지 알아보자.

1. 《반야심경》을 통해서 우리는 '다섯 가지 집합체(/무더기)'인 오온이 항상하지 못해 무상(無常)하고, 그래서 괴로움[苦]이고, 어떤 주체적인 자아가 없는 무아(無我)이고, 공(空)하다는 것을 이해했다. 사실 우리가 관자재보살처럼 공한 것을 비추어 보고 깨달은 것은 아니다. 하지만 이러한

견해를 가지고 있는 것은 올바른 것이다. 이것은 팔정도의 '바른 견해'(정견)에 속한다.

2. 오온의 무상, 고, 무아, 공성(空性)을 이렇게 관찰하여 알고, 오온에 대해 염오하고(넌더리 치고), 탐욕을 버리고, 완전히 탐욕을 여의어서, 해탈하는 방법은 '바른 마음챙김'(정념) 수행에 속한다고 볼 수 있다.

3. 그런데, '모든 것이 공하다'는 이러한 이치를 좀 더 세밀하게 알 수는 없을까? 부처님께서 말씀하셨듯이, 삼매 수행은 관찰 대상을 '있는 그대로' 볼 수 있도록 도와주는 통찰의 힘을 강화시켜 준다. 팔정도의 '바른 삼매'(정정)는 오온이 공하다는 것을 세밀하게 관찰할 수 있도록 도와준다.

다음 페이지에, 부처님의 가르침을 '팔정도를 중심으로' 요약해서 그려 놓았다. ■

부처님의 가르침 요약도

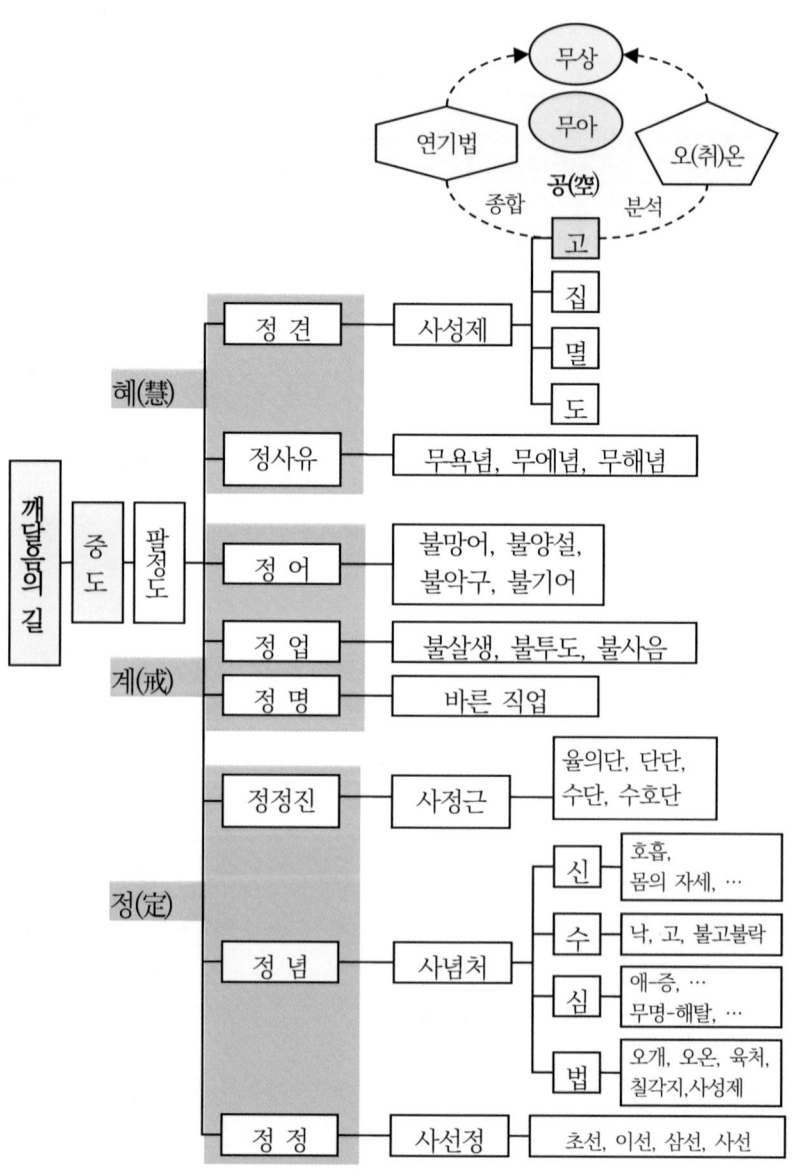

제 6장

바른 삼매(정정)

마음을 하나에
집중하라.

제 6 장
바른 삼매(정정)

 불교의 수행이 아니더라도, 거의 모든 분야에서 어떤 문제를 해결하기 위해서는 골똘히 정신을 집중해서 생각하고 사유하는 시간이 필요하다.

 음식점의 주인이 '어떻게 하면 새롭고 맛있는 메뉴를 개발할 수 있을까?'라는 마음을 냈다면, 골똘히 오직 새로운 메뉴만을 생각한 후에, 종이를 꺼내서 적어보고, 직접 실험하는 과정이 필요하다.
 수학자나 이론 물리학자라면, 문제해결 방법을 찾아내기 위해, 정신을 집중해서 머릿속으로 수식을 썼다 지웠다를 반복할 것이다.
 바둑 기사의 경우, 한 수 한 수마다 오로지 바둑의 경우의 수에만 집중하고 또 집중하고, 체크하고 또 체크해야 한다.

 각자의 문제해결을 위해서, 일정 시간 동안, 그들은 그들의 문제 하나에만 온통 생각을 집중시킨다. 심지어 밥 먹는 생각도 잊고, 시간이 가는 것조차 잊을 수 있다.
 그런데, 만약 '오늘 밤 애인과 데이트할 생각'이나, '내게 상처를 준 사람에 대한 복수심'이나, '힘들고 졸린 데, 내일 하지 뭐라는 생각'이나, '이제껏 잘 됐으니, 금방 해결될 거라는 지나치게 들뜬 마음'이나, '누군가 도와주려고 가르쳐 준 해결방법에 대해서, 과연 잘 될까 하는 회의적인 의심' 등이 일어난다면, 문제해결을 위해서 마음을 집중하더라도 집중할 수가 없을 것이다.

6.1 삼매(三昧): 독서삼매도 삼매다.

우리가 사용하는 표현 가운데, '독서삼매에 빠졌다'라는 말이 있다. 국립국어원 표준국어대사전을 찾아보면, 다음과 같이 나온다.

독서삼매(讀書三昧)

'다른 생각은 전혀 아니 하고 오직 책 읽기에만 골몰하는 경지'
- 독서삼매에 빠지다.
- 나는 오랜만에 독서삼매에 젖어 책에 빠져들었다.

아마도, 전 세계에서 삼매라는 단어를 생활 속에서 사용하는 나라는 우리나라가 유일할 것이다. 그래서 불교 용어 가운데 가장 어려운 단어에 속하는 삼매(三昧)를 따로 설명하지 않아도 되는 민족이다. 영어권 사람들은 삼매를 번역할 때, '집중'(Concentration)이라고 하지만, 원뜻을 100% 전달하지는 못한다.

삼매라는 단어는 산스크리트어인 사마디(samādhi)를 한자로 음사한 것이다. 세 번째 음절이 생략되고, '삼매'로 정착되었다. 불교에서의 삼매는 우리가 알고 있는 뜻과 같다.
'마음이 하나에 집중된 상태'이다.

독서삼매는 '책'을 대상으로 삼매에 빠진 것이다. 독서삼매에 빠져서, 주변의 소리를 전혀 인식하지 못하고 몇 시간 동안이나 오로지 책에 빠져 있던 경험을 한두 번씩은 해봤을 것이다.

불교 수행에서도, '마음이 하나 된 경지'를 위해서, 대상을 사용한다. 정말 똑같지 않은가? 하기야 불교에서 나온 용어이니 같을 수밖에 없겠다. 그렇다면 불교 수행에서는 어떤 대상을 사용할까?

6.2 삼매의 대상

삼매의 대상으로 40여 가지가 있지만, 11가지만 소개한다.

땅, 물, 불, 바람, 청, 황, 적, 백, 빛, 허공, 그리고 들숨날숨(호흡).

-《해탈 경, AN 5.26》-

의외로 너무 단순하고, 우리의 생활 속에서 쉽게 접할 수 있는 것들이다. 잡념 없이 마음을 하나로 만들려면, 대상도 단순해야 하는 것이 어쩌면 당연한 일인지도 모르겠다.

한번 시험 삼아 아무 대상이나 잡아보자. 예를 들어, '땅'의 요소 가운데, 흙으로 만든 '흙색의 도자기 컵'을 삼매의 대상으로 삼아보자. 잠자기 전에, 5분 동안, 한자리에 앉아서, 눈을 지그시 감거나 약간 뜨고, 이 '흙 컵'만 생각하자. 5분 동안만. 잘 안되면, '흙 컵', '흙 컵'이라고 속으로 되뇌어도 좋다. '흙 컵'이 대상이지, 단어 자체가 대상은 아니다.

5분 동안 마음에서 무슨 일이 일어났는가? 1초부터 ... 60초.... 120초 .... 300초 '다른 생각이 단 한 번'도 중간에 일어나지 않았다면, 훌륭하다! 내일도 해보자. 1주일 동안 해보자.

마음이 하나에 잘 집중된다면, 참선 수행을 잘 할 수 있는 성향을 지닌 분이다. 만약 그렇지 못하다면, 원인을 찾아봐야 하지 않을까?

원인은 찾기 쉽다. 왜냐하면, 동물이나 인간은 소위 욕망의 세계인 욕계(欲界)의 존재들이다. 그런데 사실 삼매 가운데 제일 낮은 단계인 초선(初禪)의 경지는 욕계보다 정신적인 차원이 더 높고, 감각적 욕망이 없는 색계(色界)의 영역이다. 그렇기 때문에 욕계로부터 초선에 들기 위해서, '색계에 있지도 않은 감각적 욕망'을 버려야 하는 것은 지극히 당연한 이치이다. 사실 이러한 원리는 각 선의 경지에서 그다음 선의 경지로 넘어갈 때도 같은 방법을 사용한다. (또한 역으로, 더 높은 선의 상태에 머무를 때, 그 아래 선의 상태를 특징짓는 마음요소가 다시 일어난다면, 그것은 장애이다. 더 이상 그 선에 오래 머무를 수 없다.)

우리의 마음은 시간(과거, 현재, 미래)이나 공간(물리적 공간, 가상공간)에 제약을 받지 않고, '마음대로' 가고 싶은 곳을 간다. 특히 우리의 마음을 요동치게 하는 것으로, 불교에서는 우리의 눈, 귀, 코, 혀, 몸으로 느끼는 대상물에 대한 '강한 욕망'과 '선하지 못한 나쁜 마음들'을 주요한 원인으로 보고 있다. 당연한 말이지만, 마음이 편해야, 사업이나 창작활동이나 공부도 잘되듯이, 삼매도 마찬가지이다. 마음이 편해야 한다. 마음이 행복해야 삼매에 들어갈 수 있다.

6.3 선(禪)의 정의

우리가 잘 알고 있는 '좌선한다', '참선한다'에서 선(禪)은 선나(禪那, Skt. *dhyāna*, Pāli *jhāna*)의 줄임말로 산스크리트어를 음사한 것이다. 이 선禪

이라는 원어와 그 뜻을 지닌 한자어 정(定, 그치다, 안정되다)을 결합해서 선정(禪定)이라고도 한다. 선禪에는 2가지 뜻이 있다.

(A) '마음이 하나로 통일된 상태'인 삼매에 들도록 하는 '삼매 수행법'을 의미한다. 좌선(坐禪), 참선(參禪)은 수행법이기 때문에 '좌선하다', '참선하다'처럼 동사로도 사용할 수 있다.

(B) 삼매 수행에 의해서 도달한 '삼매의 경지'를 의미한다. 초선(初禪), 이선(二禪) 등은 도달한 삼매의 경지를 나타내기 때문에, 이 경우는 명사로만 쓰인다.

6.4 다섯 가지 장애 (오개五蓋)

삼매를 방해하는, '감각적 욕망'과 '선하지 못한 나쁜 마음'의 예로 불교에서는 다섯 가지를 들고 있으며, 이들 '다섯 가지 장애(/덮개)'를 오개(五蓋)라고 한다.

(1) 감각적 욕망　　(탐욕貪欲)
(2) 악의　　　　　(진에瞋恚)
(3) 해태와 혼침　　(수면睡眠)
(4) 들뜸과 후회　　(도회掉悔)
(5) 의심　　　　　(의疑)

수행자가 이 '다섯 가지 장애'에 의해 압도되어 있을 때, 명료한 사유는 불가능하며, 하나의 마음 상태를 만들기는 더욱더 어려워진다. 이 '다섯 가지 장애'인 오개는 삼매 수행에 있어서, 초선(初禪)에 들기 전에 제거되어야 하는 마음 상태들이다. 참고로, 마음챙김을 위주로 하는 사념처(四念處) 수행 가운데, '법에 대한 마음챙김'(법념처) 수행에 있어서, 첫 번째 예시로 나오는 주제 역시 이들 '다섯 가지 장애'이다.

6.5 경전에서 설명하는 삼매

(가) 삼매에는 어떤 것이 있는가? 《차례로 머묾 경》(AN 9.32)

부처님은 팔정도에서 물질의 세계인 '색계(色界)에 속하는 4가지 선(禪)의 경지'만을 설명하셨다. 그런데 물질이 없는 세계인 '무색계(無色界)에도 4가지 선의 경지'가 있다. 그리고 마지막으로 존재를 구성하는 오온에서 인식[想]과 느낌[受]까지 사라진 '상수멸(想受滅)의 경지'가 있다. 그래서 총 9가지 선의 경지가 있다.

(나) 초선에 들기 위한 조건은? 《선(禪) 경1》(AN 6.36)

앞에서 이미 설명했지만, 초선에 들기 위해서는 기본적으로 '다섯 가지 장애'인 오개(五蓋)가 제거되어야 한다. 지금 소개할 《선(禪) 경1》에서는 6가지로 말씀하셨지만, 6번째 항목은 오개의 첫 번째 항목인 '감각적 욕망'과 관련이 있다. 선의 정형구에서는 '다섯 가지 장애'라는 표현 대신에, '감각적 욕망과 불선한 법들'이라고 말씀하셨는데, 이것의 구체적인 예가 '다섯 가지 장애'인 오개라고 이해하면 된다. 오래 앉아 있을 수 있어야 삼매에 들 수 있다고 주장하는 사람들이 있다. 시간이 문제가 되는 것이 아니다. 그런 식으로 되는 것이라면, 앉은뱅이는 항상 삼매에 들어 있어야 할 것이다.

(다) 각각의 선(禪)의 경지에서 번뇌를 멸진시키는 방법은? 《선(禪) 경》(AN 9.36)

번뇌를 소멸시키고 깨닫기 위해서, 선(禪)의 최고 경지까지 모두 닦아야 하는 것은 아니라고 부처님께서 말씀하시는 내용이다. 초선부터 상수멸까지 모든 선정의 단계에서 번뇌의 소멸이 가능하다고 말씀하시고 있다. 그러면 어떻게 가능한가?

삼매가 주는 '있는 그대로 보는 통찰의 힘' 때문에 가능하다. 부처님께서 '삼매를 닦으라'고 강조하신 이유이다. (3.4.4절의 ≪삼매 경≫, SN 35.99을 참고하라). 삼매는 오온이 무상(無常)하고, 괴로움[苦]이고, 무아(無我)이고, 공(空)한 것인지를 수행자가 직접 더 세밀하게 관찰할 수 있는 '환경을 마련해 주는 것'이다. 마치 현대 물리학에서 입자가 생성되고 소멸하는 것을 관찰하듯이, 수행자는 삼매의 경지에서, 미세한 물질이나 마음요소가 일어났다가 사라지는 것을 관찰한다. 그래서 오온은 항상 변하는 무상한 것이라고, 괴로움이라고, 무아라고, 공(空)한 것이라고, 분명하게 알게 되는 것이다. 그리고 여기에서 다른 곳으로 마음을 기울이지 않고, '열반의 경지'로 마음을 기울이는 것이다. 그렇게 하면 번뇌가 다한 아라한(阿羅漢)이 되거나, 아직 번뇌가 남아 있다면 다시 돌아오지 않는 경지인 불환과(不還果)를 얻는다고 말씀하시고 있다.

(여기에서 마음을 어느 한 곳으로 기울이는 것은 삼매의 기능이다.) ■

(가) 삼매에는 어떤 것이 있는가?

《차례로 머묾 경》

(*Anupubbavihāra Sutta*) AN 9.32

"비구들이여, 9가지 차례로 머무름(住, 禪定)이 있다. 무엇이 9가지인가? 초선, 이선, 삼선, 사선, 공무변처, 식무변처, 무소유처, 비상비비상처, 상수멸이다. 비구들이여, 이들 9가지 머무름이 있다."

(*6차 결집본에는 9가지 머무름(선정)의 항목만 나오기 때문에, PTS(빠알리성전협회, 런던)본의 내용을 아래 추가한다.)

[색계선]

"비구들이여,

1. 비구는 감각적 욕망과 불선한 법을 떨쳐버린 후에, '일으킨 생각'[尋심]과 '지속적 고찰'[伺사]이 있고, (감각적 욕망을) 떨쳐버려서 생긴 희열[喜희]과 행복[樂락]이 있는 초선(初禪)에 들어 머문다.
2. '일으킨 생각'과 '지속적 고찰'이 가라앉아 멈추기 때문에, '일으킨 생각'과 '지속적 고찰'은 없으며, 내적인 고요함[內淨내정]이 있고, 마음의 하나 됨(心一境性심일경성)과, 삼매에서 생긴 희열[喜희]과 행복[樂락]이 있는 이선(二禪)에 들어 머문다.
3. 희열이 식기 때문에, 평정[捨사]하고, 마음챙기고[念념], 알아차리며[知지] 머무른다. 몸으로 행복[樂락]을 경험한다. '평정하고, 마음챙기며, 행복하게 머무른다'라고 성인들이 선언한 삼선(三禪)에 들어 머문다.
4. 행복과 괴로움도 버리고, 과거의 기쁨과 슬픔을 내려놓아 괴롭지도 즐겁지도 않으며(不苦不樂불고불락), 순수한 평정[捨사]과 순수한 마음챙김[念념]이 있는 사선(四禪)에 들어 머문다.

[무색계선]

5. 물질[色]에 대한 인식을 완전히 초월하여, 감각반응의 인식이 사라져, 갖가지 인식을 마음에 짓지 않기 때문에, '무한한 허공'이라고 하는 공무변처(空無邊處)에 들어 머문다
6. 모든 공무변처를 완전히 초월하여 '무한한 식'이라고 하는 식무변처(識無邊處)에 들어 머문다.
7. 식무변처를 완전히 초월하여 '아무것도 없다'라고 하는 무소유처(無所有處)에 들어 머문다.
8. 무소유처를 완전히 초월하여 '인식하는 것도 아니며, 인식하지 않은 것도 아닌 경지'인 비상비비상처(非想非非想處)에 들어 머문다.

[상수멸]

9. 비상비비상처를 완전히 초월하여, '인식[想]과 느낌[受]까지 소멸한 경지'인 상수멸(想受滅)에 들어 머문다.

비구여, 이것들이 9가지 차례대로 머무름이니라."
###

(*선의 각 경지를 특징짓는 요소를 더 자세히 알고 싶다면, 《차례대로 경(Anupada Sutta), MN 111》을 참고하라.)

(나) 초선에 들기 위한 조건은?

《선(禪) 경1》

(Paṭhamatajjhāna Sutta) AN 6.36

"비구들이여, 여섯 가지 법들을 버리지 못하면, 초선(初禪)에 들어 머물 수 없느니라. 무엇이 여섯인가?

감각적 욕망, 악의, 해태와 혼침, 들뜸과 후회, 의심이다(다섯 가지 장애인 오개). 그리고 감각적 욕망에 존재하는 '위험'을 있는 그대로 바른 지혜로써 잘 보지 못하는 것이다. 비구들이여, 이들 여섯 가지 법들을 버리지 못하면, 초선에 들어 머물 수 없느니라."

"비구들이여, 여섯 가지 법들을 버리면, 초선(初禪)에 들어 머물 수 있느니라. 무엇이 여섯인가?

감각적 욕망, 악의, 해태와 혼침, 들뜸과 후회, 의심이다(다섯 가지 장애인 오개). 그리고 감각적 욕망에 존재하는 '위험'을 있는 그대로 바른 지혜로써 잘 보지 못하는 것이다. 비구들이여, 이들 여섯 가지 법들을 버리면, 초선에 들어 머물 수 있느니라."

###

(다) 각각의 선(禪)의 경지에서 번뇌를 멸진시키는 방법은?

《선(禪) 경》

(*Jhāna Sutta*) AN 9.36

"비구들이여,

초선에 의지해서도 번뇌가 멸한다고 나는 말하노라.

이선에 의지해서도 번뇌가 멸한다고 나는 말하노라.

삼선에 의지해서도 번뇌가 멸한다고 나는 말하노라.

사선에 의지해서도 번뇌가 멸한다고 나는 말하노라.

공무변처에 의지해서도 번뇌가 멸한다고 나는 말하노라.

식무변처에 의지해서도 번뇌가 멸한다고 나는 말하노라.

무소유처에 의지해서도 번뇌가 멸한다고 나는 말하노라.

비상비비상처에 의지해서도 번뇌가 멸한다고 나는 말하노라.

상수멸에 의지해서도(*6차 결집본) 번뇌가 멸한다고 나는 말하노라."

[색계선— 오온의 무상, 고, 무아, 공(空)함을 간파한 후, 열반의 경지로 돌린다.]

" '비구들이여, 초선(初禪)에 의지해서도 번뇌가 멸한다고 나는 말하노라' 라고 이렇게 말했다. 무슨 이유로 이렇게 말했는가?

비구는 감각적 욕망과 불선한 법을 떨쳐버린 후에, '일으킨 생각'[尋]과 '지속적 고찰'[伺]이 있고, (감각적 욕망을) 떨쳐버려서 생긴 희열[喜]과 행복[樂]이 있는 초선에 들어 머문다. 그는 거기서 물질[色], 느낌[受], 인식[想], 마음요소들[行], 의식[識]과 관련된 것들은 무엇이든지, 그러한 법들을 무상(無常), 괴로움[苦], 병, 종기, 가시, 재앙, 아픔, 다른 것, 부서짐, 공(空), 무아(無我)라고 관찰하여 안다.

그는 이 법들로부터 마음을 돌린다. 그는 이 법들로부터 마음을 돌리고 나서, 불사(不死 열반)의 경지—'이것은 고요하며, 이것은 극묘하다.

이것은 모든 형성된 것들의 그침이요, 모든 다시 태어나려는 집착을 제거함이요, 갈애의 멸진이요, 탐욕을 여읨이요, 소멸이요, 열반이다'—로 마음을 집중시킨다. 그는 거기에 굳건히 머물러 번뇌의 소멸을 성취한다(아라한). 만약 번뇌의 소멸을 성취하지 못하면, 이 법에 대한 애착과 이 법에 대한 즐거움으로 인해, 그는 다섯 가지 낮은 단계의 속박을 완전히 없애고 화생(化生)하여, 그 세계로부터 돌아오지 않고 거기서 열반에 드는 자가 된다(불환과).

예를 들면, 비구들이여, 궁수나 궁수의 제자가 짚으로 만든 허수아비나 진흙더미로 연습을 하고 난 뒤, 이후에는 멀리 쏘고, 번개같이 쏘고, 큰 물체를 뚫게 되는 것과 같다.

이와 같이 비구는 감각적 욕망과 불선한 법을 떨쳐버린 후에, …… 초선에 들어 머문다. 그는 거기서 물질[色], 느낌[受], 인식[想], 마음요소들[行], 의식[識]과 관련된 것들은 무엇이든지, 그러한 법들을 무상(無常), 괴로움[苦], 병, 종기, 가시, 재앙, 아픔, 다른 것, 부서짐, 공(空), 무아(無我)라고 관찰하여 안다.

그는 이 법들로부터 마음을 돌린다. 그는 이 법들로부터 마음을 돌리고 나서, 불사(不死) 열반의 경지—'이것은 고요하며, 이것은 극묘하다. 이것은 모든 형성된 것들의 그침이요, 모든 다시 태어나려는 집착을 제거함이요, 갈애의 멸진이요, 탐욕을 여읨이요, 소멸이요, 열반이다'—로 마음을 집중시킨다. 그는 거기에 굳건히 머물러 번뇌의 소멸을 성취한다(아라한). 만약 번뇌의 소멸을 성취하지 못하면, 이 법에 대한 애착과 이 법에 대한 즐거움으로 인해, 그는 다섯 가지 낮은 단계의 속박을 완전히 없애고 화생(化生)하여, 그 세계로부터 돌아오지 않고 거기서 열반에 드는 자가 된다(불환과).

'비구들이여, 초선(初禪)에 의지해서도 번뇌가 멸한다고 나는 말하노라'라고 이렇게 말한 것은 이런 이유 때문에 그렇게 말한 것이니라."

" '비구들이여,
이선(二禪)에 의지해서도 ……,
삼선(三禪)에 의지해서도 ……,
사선(四禪)에 의지해서도 번뇌가 멸한다고 나는 말하노라'라고 이렇게 말했다. 무슨 이유로 이렇게 말했는가?

비구들이여, 비구는 행복과 괴로움도 버리고, 과거의 기쁨과 슬픔을 내려놓아 괴롭지도 즐겁지도 않으며(不苦不樂), 순수한 평정[捨]과 순수한 마음챙김[念]이 있는 사선(四禪)에 들어 머문다. 그는 거기서 물질[色], 느낌[受], 인식[想], 마음요소들[行], 의식[識]과 관련된 것들은 무엇이든지, 그러한 법들을 무상(無常), 괴로움[苦], 병, 종기, 가시, 재앙, 아픔, 다른 것, 부서짐, 공(空), 무아(無我)라고 관찰하여 안다.

그는 이 법들로부터 마음을 돌린다. 그는 이 법들로부터 마음을 돌리고 나서, 불사(不死: 열반)의 경지—'이것은 고요하며, 이것은 극묘하다. 이것은 모든 형성된 것들의 그침이요, 모든 다시 태어나려는 집착을 제거함이요, 갈애의 멸진이요, 탐욕을 여읨이요, 소멸이요, 열반이다'—로 마음을 집중시킨다. 그는 거기에 굳건히 머물러 번뇌의 소멸을 성취한다(아라한). 만약 번뇌의 소멸을 성취하지 못하면, 이 법에 대한 애착과 이 법에 대한 즐거움으로 인해, 그는 다섯 가지 낮은 단계의 속박을 완전히 없애고 화생(化生)하여, 그 세계로부터 돌아오지 않고 거기서 열반에 드는 자가 된다(불환과).

예를 들면, 비구들이여, 궁수나 궁수의 제자가 짚으로 만든 허수아비나 진흙더미로 연습을 하고 난 뒤, 이후에는 멀리 쏘고, 번개같이 쏘고, 큰 물체를 뚫게 되는 것과 같다.

이와 같이 비구들이여, 비구는 행복과 괴로움도 버리고, 과거의 기쁨과 슬픔을 내려놓아 괴롭지도 즐겁지도 않으며(不苦不樂), 순수한 평정[捨]과 순수한 마음챙김[念]이 있는 사선(四禪)에 들어 머문다. 그는 거기서 물질[色], 느낌[受], … … … 그 세계로부터 돌아오지 않고 거기서 열반에 드는 자가 된다(불환과).
'비구들이여, 사선(四禪)에 의지해서도 번뇌가 멸한다고 나는 말하노라'라고 이렇게 말한 것은 이런 이유 때문에 그렇게 말한 것이니라."

[무색계선(공무변처, 식무변처, 무소유처)—물질이 없는 세계이므로, 느낌, 인식, 마음요소들, 의식에 대해서만 무상, 고, 무아, 공(空)함을 간파한 후, 열반의 경지로 돌린다.]
" '비구들이여, 공무변처(空無邊處)에 의지해서도 번뇌가 멸한다고 나는 말하노라'라고 이렇게 말했다. 무슨 이유로 이렇게 말했는가?
비구는 물질[色]에 대한 인식을 완전히 초월하여, 감각반응의 인식이 사라져, 갖가지 인식을 마음에 짓지 않기 때문에, '무한한 허공'이라고 하는 공무변처(空無邊處)에 들어 머문다. 그는 거기서 느낌[受], 인식[想], 마음요소들[行], 의식[識]과 관련된 것들은 무엇이든지, 그러한 법들을 무상(無常), 괴로움[苦], 병, 종기, 가시, 재앙, 아픔, 다른 것, 부서짐, 공(空), 무아(無我)라고 관찰하여 안다.
그는 이 법들로부터 마음을 돌린다. 그는 이 법들로부터 마음을 돌리고 나서, 불사(不死 열반)의 경지—'이것은 고요하며, 이것은 극히 묘하다. 이것은 모든 형성된 것들의 그침이요, 모든 다시 태어나려는 집착을 제거함이요, 갈애의 멸진이요, 탐욕을 여읨이요, 소멸이요, 열반이다'—로 마음을 집중시킨다. 그는 거기에 굳건히 머물러 번뇌의 소멸을 성취한다(아라한). 만약 번뇌의 소멸을 성취하지 못하면, 이 법에 대한 애착과 이 법에 대한 즐거움으로 인해, 그는 다섯 가지 낮은 단계의 속박을 완전히 없애고 화생(化生)하여, 그 세계로부터 돌아오지 않고 거기서 열반에 드는 자가 된다(불환과).

예를 들면, 비구들이여, 궁수나 궁수의 제자가 짚으로 만든 허수아비나 진흙더미로 연습을 하고 난 뒤, 이후에는 멀리 쏘고, 번개같이 쏘고, 큰 물체를 뚫게 되는 것과 같다.

이와 같이 비구들이여, 비구는 물질[色]에 대한 인식을 완전히 초월하여, 감각반응의 인식이 사라져, 갖가지 인식을 마음에 짓지 않기 때문에, '무한한 허공'이라고 하는 공무변처(空無邊處)에 들어 머문다. 그는 거기서 느낌[受], 인식[想], … … … 그 세계로부터 돌아오지 않고 거기서 열반에 드는 자가 된다(불환과).

'비구들이여, 공무변처(空無邊處)에 의지해서도 번뇌가 멸한다고 나는 말하노라'라고 이렇게 말한 것은 이런 이유 때문에 그렇게 말한 것이니라."

" '비구들이여,
식무변처(識無邊處)에 의지해서도 ……,
무소유처(無所有處)에 의지해서도 번뇌가 멸한다고 나는 말하노라'라고 이렇게 말했다. 무슨 이유로 이렇게 말했는가?

비구들이여, 비구는 식무변처를 완전히 초월하여 '아무것도 없다'라고 하는 무소유처(無所有處)에 들어 머문다. 그는 거기서 느낌[受], 인식[想], 마음요소들[行], 의식[識]과 관련된 것들은 무엇이든지, 그러한 법들을 무상(無常), 괴로움[苦], 병, 종기, 가시, 재앙, 아픔, 다른 것, 부서짐, 공(空), 무아(無我)라고 관찰하여 안다.

그는 이 법들로부터 마음을 돌린다. 그는 이 법들로부터 마음을 돌리고 나서, 불사(不死, 열반)의 경지—'이것은 고요하며, 이것은 극묘하다. 이것은 모든 형성된 것들의 그침이요, 모든 다시 태어나려는 집착을 제거함이요, 갈애의 멸진이요, 탐욕을 여읨이요, 소멸이요, 열반이다'—로 마음을 집중시킨다. 그는 거기에 굳건히 머물러 번뇌의 소멸을 성취한다(아라한). 만약 번뇌의 소멸을 성취하지 못하면, 이 법에 대한 애착과 이 법에 대한 즐거움으로 인해, 그는 다섯 가지 낮은 단계의 속박을 완전히 없애고 화생(化生)하여, 그 세계로부터 돌아오지 않고 거기서 열반에 드는 자가 된다(불환과).

예를 들면, 비구들이여, 궁수나 궁수의 제자가 짚으로 만든 허수아비나 진흙더미로 연습을 하고 난 뒤, 이후에는 멀리 쏘고, 번개같이 쏘고, 큰 물체를 뚫게 되는 것과 같다.

이와 같이 비구들이여, 비구는 식무변처를 완전히 초월하여 '아무것도 없다'라고 하는 무소유처(無所有處)에 들어 머문다. 그는 거기서 느낌[受], 인식[想], 마음요소들[行], 의식[識]과 관련된 것들은 무엇이든지, 그러한 법들을 무상(無常), 괴로움[苦], 병, 종기, 가시, 재앙, 아픔, 다른 것, 부서짐, 공(空), 무아(無我)라고 관찰하여 안다.

그는 이 법들로부터 마음을 돌린다. 그는 이 법들로부터 마음을 돌리고 나서, 불사(不死, 열반)의 경지—'이것은 고요하며, 이것은 극히 묘하다. 이것은 모든 형성된 것들의 그침이요, 모든 다시 태어나려는 집착을 제거함이요, 갈애의 멸진이요, 탐욕을 여읨이요, 소멸이요, 열반이다'—로 마음을 집중시킨다. 그는 거기에 굳건히 머물러 번뇌의 소멸을 성취한다(아라한). 만약 번뇌의 소멸을 성취하지 못하면, 이 법에 대한 애착과 이 법에 대한 즐거움으로 인해, 그는 다섯 가지 낮은 단계의 속박을 완전히 없애고 화생(化生)하여, 그 세계로부터 돌아오지 않고 거기서 열반에 드는 자가 된다(불환과).

'비구들이여, 무소유처(無所有處)에 의지해서도 번뇌가 멸한다고 나는 말하노라'라고 이렇게 말한 것은 이런 이유 때문에 그렇게 말한 것이니라."

"이와 같이 비구들이여, 인식이 있는 선정에 들어감[入定]이 있는 한, 지혜에 의한 통찰이 있느니라."

[비상비비상처 & 상수멸 – 이 두 선정 상태에서는 인식이 미세하기 때문이다.]
"비구들이여, '비상비비상처의 선에 듦'과 '상수멸', 이들 2가지 경지에 의지해서, 선정을 닦는 이들은, '선정에 들어감'[入定]에 능숙함으로, '선정에 들어감과 나옴'[入定·出定]에 능숙함으로, 선정에 들어갔다가 나온 후에, 올바르게 설해야 마땅하다고 나는 말하노라."
###

(*마지막 [비상비비상처와 상수멸]에서 입정과 출정에 대한 추가적인 설명은 《차례대로 경(*Anupada Sutta*), MN 111》, 《뽓타빠다 경(*Poṭṭhapāda Sutta*), DN 9》을 참고하라.)

제 7장

바른 마음챙김(정념)

잊지 말고
염두에 두어라.

제 7 장
바른 마음챙김(정념)

'바른 마음챙김'(정념)은 '바른 삼매'(정정)와 더불어 불교수행의 쌍두마차라고 할 수 있다.

삼매는 잡념을 없애고 '마음을 하나에 집중하기' 위해서, 외부 현상들과의 접촉을 줄이고 안정되고 고요한 상태를 선호한다.

반면에 마음챙김이라는 것은 현상세계에서 일어나는 '어떤 한 대상에 대해서 있는 그대로 알아차리고 관찰하는 것'이다.

7.1 유념하라 (환자의 비유)

우리가 일상생활에서 쓰는 표현 가운데, '유념(留念)하다', '염두(念頭)에 두다'라는 표현이 있다. 만약 병원에서 의사가 "환자분! 큰일 났습니다. 죽을 수도 있으니, 호흡에 유념하세요!"라고 말했다고 하자. 정말 큰일 났다. 갑자기 죽을 수도 있단다. 어떻게 하겠는가? 호흡이 가쁜지, 느린지, 거친지, 약한지 온통 호흡 생각뿐일 것이다. 밥을 먹을 때도, 잘 때도, 걸어갈 때도, 쉴 때도 온통 호흡을 관찰하고 체크하고 있을 것이다. 평소라면 누가 호흡에 신경이나 쓰겠는가? 자신이 호흡하고 있다는 사실조차 잊고 사는데!

7.2 마음챙김이란?

마음챙김이라는 뜻이 이와 같다. 1) 일단 관찰할 대상을 하나 정한다. 2) 관찰대상을 항상 '잊지 않는다'(기억한다). 그리고 3) 알아차리고 있는 그대로 관찰한다.

그래서 마음챙김이라는 것은 **'대상을 항상 잊지 않고, 알아차리고, 있는 그대로 관찰하는 것'**이라고 정의할 수 있다.

7.3 왜 마음챙김하는가?

그런데, 이렇게 마음챙김하면 무슨 이익이 있는가?

앞의 예에서, 환자가 위험함을 인지하고, 생활 속에서 '호흡을 항상 있는 그대로 알아차리고 관찰한다'고 하자. 그런데 '랑뿌뇨'라는 음식을 먹을 때, 호흡이 불규칙적이라는 것을 관찰했다고 치자. 그래서 해당 음식을 많이 먹어보기도 하고, 적게 먹어보기도 하면서 매일 관찰한다. 그 음식을 며칠간 끊어보기도 한다. 그리고 다른 가족들도 그 음식을 먹었을 때, 호흡이 어떻게 되는지 관찰한다. 자신만 그런 것인지, 다른 사람도 그런 것인지 함께 관찰해 본다. 연령에 따라 정도에 차이가 있기는 하지만, 그 음식을 먹으면 누구나 호흡에 문제가 발생한다.

이러한 관찰을 통해 그에게는 이런 앎이 생긴다. '랑뿌뇨를 먹으면 호흡이 불규칙해진다.' 만약 이것이 일반적인 사실로 확인된다면, 이러한 앎은 사람을 살리는 생활의 '지혜'로 격상될 것이다.

환자가 그 사실을 의사에게 알렸다. 의사는 식품의약품안전처에 이 사실을 통보하고, 해당 기관은 그 물질을 분해해서 탄수화물과 같은 물질들은 제거한 후, 특이한 화학물질들만을 추출하여 전자현미경으로 분석한다. 그리고 특정 물질의 독성이 입증된다고 하자.

이제 '랑뿌뇨를 먹으면 호흡이 불규칙해진다'는 것은 생활의 지혜를 넘어, 중요한 사실이 된다.

우리가 마음챙김을 하면, 대상의 거친 면들을 먼저 관찰하게 된다. 어쩔 수 없다. 우리의 감각기관이 가진 한계 때문이다. 그래도 별 상관은 없다. 있는 그대로 알아차리고 관찰하는 것이 중요하다. 그렇게 계속하다 보면(습관이 되면), 대상에서 나타나는 특징들을 발견하게 된다. 그것은 그 대상이 지닌 '위험함'일 수도 있고, 그 대상이 지닌 어떤 '원리'나 '특성'일 수도 있다.

마음챙김으로 우리가 알 수 있는 것은 축적된 관찰 데이터로 어떤 속성을 꿰뚫어 보는, 발견하는 것이다. 이것을 흔히 우리는 통찰(洞察)이라고 한다.

7.4 부처님이 발견한 것은?

부처님이 발견한 것은 무엇일까?

부처님은 현상 세계를 관찰하시고, '모든 것은 변하기 마련인 법이다.', '모든 일어난 것은 사라지기 마련인 법이다'라는 사실을 있는 그대로 아셨다. 그러나 부처님께서는 거기에서 그치지 않으셨다.

이렇게 변하기 마련이기 때문에 결국은 이 몸 또한 언젠가는 무너진다는 사실을 아셨고, 그래서 아무리 현재 행복하고 기쁘다고 하더라도 그것이 영원하지 못하다는 것을 아셨다. 더 많이 가지고 더 높은 지위에 오르려고 하는 것이 오히려 고통을 가져올 수 있다는 것이다. 그렇다고 허무주의적으로 살라는 말은 아니다. 정당한 방법으로 많이 얻었으면, 그만큼 많이 베풀고 살면 된다. 그래서 많이 얻었더라도, 집착하지 않고 오히려 베푸는 삶을 산다면 행복할 수 있다. 그러다가 언젠가는 나이가 들어 쇠퇴하는 날이 오더라도 슬퍼하지 마라. 남에게 베풀기보다는 다른 사람의 베풂을 받아야 할 때가 드디어 당신에게 도래한 것이다. 괜한 자존심이나 체면을 지키려 애쓰지 마라. 삶이 항상하지 못한 무상(無常)한 것임을 익히 배워서 알고 있다면, 오히려 여유 있는 마음으로 이제는 받는 기쁨을 누리도록 하자.

이렇게 불교는 지혜로운 인생관을 제시하는 종교이지, 허무주의적인 삶을 부추기는 종교가 아니다.

한발 더 나아가, 부처님께서는 이 몸이 무너지기 마련인 것일 뿐만 아니라, 더 자세히 관찰하면, 특정한 자아가 있는 것이 아니라고 세세하게 분석적으로 말씀하신다. 《무아의 특징 경》이나 《라훌라에게 설하신 짧은 경》에서 우리가 읽었던 내용이다. 왜 이렇게 자세하고 세세하게 설명하셨나?

'현상세계를 분명히 알았다면, 집착하지 말라는 것이다.' 그리고 일어나고 사라지는 이 연속의 흐름 속에서 완전히 벗어난 상태가 있으며, 그러한 상태를 '지금 여기에서' 직접 경험하는 방법이 있다고 그 길을 알려주셨다.

7.5 위빳사나(*vipassanā*)

바로 위의 방법대로 어떤 대상을 마음챙김하면서, 모든 것은 변하기 마련이라서 무상(無常)하고 그래서 괴로움[苦]을 주는 것이며, 더 나아가 '나라고 할 것도 없다는 사실'[無我]을 알았다면, 당연히 원하고 좋아하고 갈구하는 마음을 점점 내려놓고, 오히려 이 몸이나 현상세계의 구성요소에 대해 염오하기(넌더리 치기) 마련이다. 이렇게 행동하다 보면 탐욕이 사라지고, 탐욕을 점점 여읜다. 그래서 진리(사성제)를 있는 그대로 통찰하고, 모든 번뇌에 대한 특징을 완전히 알아, 번뇌 또한 완전히 사라지게 된다. 그리고 이러한 상태가 바로 열반이라고 말씀하시고 있다. 이러한 수행방법은 '위빳사나'에 속한다. (*위빳사나 수행이라 하더라도, '강력한 통찰'을 위해서는 삼매가 필요하다.)

앞에 소개한 환자의 비유에서 환자가 관찰에 의해, '랑뿌뇨를 먹으면 호흡이 불규칙해진다'는 사실을 알아서, 아무리 맛이 좋더라도 오히려 거부하고, 더 이상 먹지 않는 것과 같다. 그는 결국 몸과 마음의 평화와 행복을 되찾을 것이다.

7.6 사마타(samatha)

부처님은 꼼꼼하신 분이다. 모든 것은 변한다는 것을 관찰하실 때, 삼매라는 방법으로 미세한 물질과 미세한 마음요소들까지 관찰하셨다. 역시 이 몸을 구성하는 '미세한' 요소들도 일어났다가 사라지는 연속의 흐름일 뿐이라는 사실을 분명하게 보셨다. 전자현미경으로 보는 것과 맨눈으로 보는 것은 차이가 있지 않겠는가? 환자의 비유에서처럼, 검사기관에서 전자현미경으로 분석하는 것이 삼매에 의한 방법이라고 이해하면 된다. '삼매의 힘'으로, 무상, 고, 무아, 공함을 분명하게 통찰해서 ('통찰' 자체는 위빳사나이다), 열반의 경지로 마음을 기울여. 번뇌의 완전한 소멸에 이르게 하는 방법을 사마타라고 한다. (제6장에서 설명한 방법이다.)

7.7 선정[定]과 지혜[慧]를 같이 닦는다.

사마타(samatha)와 위빳사나(vipassanā)는 대승경전에서 각각 사마타(奢摩他)와 비파사나(毘婆舍那)로 음사해서 쓰거나, 한자로 지(止)와 관(觀), 또는 정(定)과 혜(慧)라는 용어로 표현했다.

사마타는 잡념을 그치고[止] 마음을 하나에 집중하여 고요하고 안정[定]된 상태에 놓는 것이기 때문이다. 그리고 위빳사나는 원어 자체가 '나누어 본다' 또는 '강력하게 (꿰뚫어) 본다'[觀]는 뜻으로, 어떤 원리나 특성을 통찰해서 아는 지혜[慧]를 말한다.

모든 것에서 무상, 고, 무아, 공함의 특성을 보고 아는 것은 위빳사나의 통찰이다. 네 가지 진리인 사성제를 보고 아는 것도 역시 통찰의 지혜 때문이다. 그러나 물질이든 정신적인 요소이든 이것을 아주 '자세하게 볼 수 있도록 도와주는 것'은 사마타의 기능이다. 마음의 눈을 가리는 갖가지 잡념들, 번뇌들을 깔끔히 제거해서 '있는 그대로 볼 수 있는 환경조건[場]을 만들어 주는 것'이 사마타에 의한 삼매의 기능이다.

그래서 사마타와 위빳사나는 함께 닦는 것이 좋다. 무엇을 먼저 닦느냐는 사람의 성향과 기질에 따라 다를 뿐, 순서에는 상관이 없다. 2가지가 서로 분리된 것이 아니라, 상호 보완적이기 때문이다.

7.8 마음챙김에 관한 경들

'바른 마음챙김'(정념)에 대한 모든 자세한 내용은 《대념처경(大念處經)》(DN 22)과 《염처경(念處經)》(MN 10)에 나와 있다. 미얀마 6차 결집본은 이 두 경의 제목과 내용이 동일하다. 모두 《대념처경》으로 되어 있다. 그 밖에 참고할 만한 경으로는 《들숨날숨에 대한 마음챙김 경, MN 118》, 《몸에 대한 마음챙김 경, MN 119》 등이 있다.

부처님은 "몸에서[處] 몸을 관찰하며 머문다[住]. 느낌에서 느낌을…, 마음에서 마음을 …, 법에서[處] 법을 관찰하며 머문다[住]."라고 말씀하셨다.

그렇기 때문에 몸-느낌-마음-법[身-受-心-法], 이 4가지는 마음챙김하는 '대상[處처]'이면서, 동시에 마음챙김이 확립되어 '현전하는[住주] 상태'이기도 하다. 그래서 《염처경》의 제목(Satipaṭṭhāna Sutta)을 《염주경》이라고도 한다. '네 가지 마음챙김'을 '네 가지 마음챙김의 기반'(사념처四念處) 또는 '네 가지 마음챙김의 확립'(사념주四念住)이라고도 하는 이유이다. 사실은 2가지 뜻을 동시에 가졌다고 할 수 있다.

7.9 불방일(不放逸)하라

비슷한 예로, 불방일(不放逸, appamāda)이 있다. 처음 들으면, '게으르지 마라, 부지런히 하라'는 뜻만 떠오른다. 하지만 원어 '압빠마다'(a + (p)pamāda)는 '술에 만취한 상태가 아님', '깨어 있음'이라는 의미도 또한 갖고 있다. 그래서 불방일(不放逸)을 '깨어 있는 마음으로 부지런히'라고 옮기면 의미전달이 좀 더 정확하다.

여기, 부처님이 남기신 마지막 유언을 들어보자.

"자, 이제, 비구들이여! 내가 너희들에게 설하노니,

사라지는 법이니라, 조건지어진 것들은.

깨어 있는 마음으로 부지런히, (목표를) 이루어낼지어다!"

"handa dāni bhikkhave āmantayāmi vo,

vayadhammā saṅkhārā　　　(와야담마아 쌍카아라아)

appamādena sampādethā"ti.　(압빠마데에너 쌈빠아데에타)

-《대반열반경》(DN 16)- ■

《모든 마음챙김의 확립에 대한 경》
(대념처경(大念處經): 사념처 경/ 사념주 경)
(Mahāsatipaṭṭhāna Sutta) MN 10

이와 같이 나는 들었다. 한때 세존께서 꾸르족의 시장 마을, 깜마싸담마에 머무르고 계셨다. 그곳에서 세존께서 비구들을 부르셨다.
"비구들이여!"
"세존이시여!", 비구들이 세존께 화답했다.
세존께서는 이렇게 말씀하셨다.

[서언]

『비구들이여, 이것은 존재들의 청정을 위한, 슬픔과 한탄을 극복하기 위한, 괴로움과 비통함을 소멸하기 위한, 올바른 길에 이르기 위한, 열반(涅槃, Nibbāna)을 깨닫기 위한 유일한 길이다. 즉 '네 가지 마음챙김의 확립'이니라.』

[사념처 / 사념주]

"무엇이 네 가지인가?
비구들이여, 비구는, '열심히 분명하게 알아차리고 마음챙김하면서, 세상에 대한 탐욕과 혐오를 버리고',
  1. 몸[身]에서 몸을 관찰하며 머문다.
  2. 느낌[受]에서 느낌을 관찰하며 머문다.
  3. 마음[心]에서 마음을 관찰하며 머문다.
  4. 법(法, 가르침)에서 법(法, 가르침)을 관찰하며 머문다."

1. 몸[身]

"비구들이여, 어떻게 비구는 몸에서 몸[身]을 관찰하며 머무는가?"

[1.1 호흡]

"비구들이여, 비구는 숲에 들어가거나, 나무 아래 가거나, 빈집으로 가서 앉는다. 결가부좌(結跏趺坐)하고 몸을 똑바로 세우고 전면에 마음챙김을 하도록 한다."

"항상 마음챙김하면서 숨을 들이쉬고, 항상 마음챙김하면서 숨을 내쉰다.
 -길게 들이쉬면서, 길게 들이쉰다고 분명히 안다.
 -길게 내쉬면서, 길게 내쉰다고 분명히 안다
 -짧게 들이쉬면서, 짧게 들이쉰다고 분명히 안다.
 -짧게 내쉬면서, 짧게 내쉰다고 분명히 안다.
 -'온몸을 느끼면서, 숨을 들이쉴 것이다'라고 훈련한다.
 -'온몸을 느끼면서, 숨을 내쉴 것이다'라고 훈련한다.
 -'몸의 활동을 차분히 하며, 숨을 들이쉴 것이다'라고 훈련한다.
 -'몸의 활동을 차분히 하며, 숨을 내쉴 것이다'라고 훈련한다."

"비구들이여, 마치 솜씨 좋은 도공이나 그의 제자가 길게 돌리면서 '길게 돌린다'라고 분명히 알고, 짧게 돌리면서 '짧게 돌린다'라고 분명히 아는 것처럼, 그와 같이 비구는,
 -길게 들이쉬면서, 길게 들이쉰다고 분명히 안다.
  ……
  ……

-'몸의 활동을 차분히 하며, 숨을 내쉴 것이다'라고 훈련한다."

"이와 같이 안으로 …, 밖으로 …, 안팎으로 몸에서 몸을 관찰하면서 머문다. 또한 몸에서 발생하는 요소들, 몸에서 소멸하는 요소들, 몸에서 발생했다가 소멸하는 요소들을 관찰하면서 머문다. '몸[身]이 있구나'라는 마음챙김이 현전한다. 알아채고 마음챙김하는 한, (갈애나 견해에) 의지하지 않고 머무르며, 세상의 그 어떤 것에도 집착하지 않는다. 이런 식으로, 비구들이여, 비구는 몸에서 몸을 관찰하며 머문다."

[1.2. 몸의 자세]
"또한, 비구들이여, 비구는
  -가고[行] 있을 때, '가고 있다'라고 분명히 안다.
  -서[住] 있을 때, '서 있다'라고 분명히 안다.
  -앉아[坐] 있을 때, '앉아 있다'라고 안다.
  -누워[臥] 있을 때, '누워 있다'라고 안다.
즉 몸이 정확히 어떤 자세를 취하고 있는지 안다."
"이렇게 비구는 몸에서 몸을 안으로, 밖으로, 안팎으로 … … 관찰하면서 머문다."

[1.3. 완전한 주의관찰]
"또한, 비구들이여, 비구는
  -앞으로 가거나 뒤로 가거나 완전하게 주의를 기울인다.
  -똑바로 바라보거나 눈길을 돌리거나,
  -몸을 구부리거나 몸을 죽 펴거나,
  -(탁발 나갈 때) 외출 법복과 가사와 발우를 지니거나,

-먹거나, 마시거나, 씹거나, 맛보거나,

-대소변을 보거나, 걷거나,

-서 있거나, 앉아 있거나, 잠자리에 들거나, 잠에서 깨어나거나, 말을 하거나, 침묵하거나, 완전하게 주의를 기울인다."

"이렇게 비구는 몸에서 몸을 안으로, 밖으로, 안팎으로 …… 관찰하면서 머문다."

[1.4. 몸에 대한 혐오(嫌惡)]
"또한, 비구들이여, 비구는 이 몸에 대하여, 발바닥에서부터 위로, 그리고 머리카락 끝에서부터 아래로, 피부로 덮여 있고 여러 가지 더러운 것으로 가득 차 있다고 사유한다."
'이 몸에는 머리카락, 몸에 난 털, 손톱, 치아, 피부, 살, 힘줄, 뼈, 골수, 콩팥, 심장, 간, 횡격막, 비장, 폐, 내장, 장간막, 위, 대변, 담즙, 가래, 고름, 피, 땀, 지방, 눈물, 지방 기름, 타액, 콧물, 관절액, 소변이 있다.'

"마치, 비구들이여, 구멍이 두 개 난 저장포대가, 여러 가지 곡물로 가득 차 있는 것과 같다. 예를 들면, 밭벼, 논벼, 녹두, 검정콩, 참깨, 껍질 벗긴 쌀과 같은 그런 것들이다. 건강한 눈을 가진 사람이라면 그 포대를 열어 보고, 이렇게 사유할 것이다."
'이건 밭벼, 이건 논벼, 이건 녹두, 이건 검정콩, 이건 참깨, 이건 껍질 벗긴 쌀이다.'

"그와 같이, 비구들이여, 비구는 이 몸에 대하여, 발바닥에서부터 위로, 그리고 머리카락 끝에서부터 아래로, 피부로 덮여 있고 여러 가지 더러운 것으로 가득 차 있다고 이렇게 사유한다."

'이 몸에는 머리카락, 몸에 난 털, 손톱, 치아 … … 관절액, 소변이 있다.'

"이렇게 비구는 몸에서 몸을 … 관찰하면서 머문다."

[1.5. 물질적인 요소들]
"또한, 비구들이여, 비구는 바로 이 몸에 대해서, 그대로 있건, 자세를 취하건, 몸은 물질적인 요소라고 사유한다."
'이 몸에는 땅[地]의 요소, 물[水]의 요소, 불[火]의 요소, 바람[風]의 요소가 있다.'

"마치, 비구들이여, 어떤 솜씨 좋은 도살자나 그의 제자가, 소를 잡아 사거리의 교차지점에 부위별로 나누어 놓은 것과 같다. 이와 같이, 비구는 바로 이 몸에 대해서, 그대로 있건, 자세를 취하건, 몸은 물질적인 요소라고 사유한다."
'이 몸에는 땅[地]의 요소, 물[水]의 요소, 불[火]의 요소, 바람[風]의 요소가 있다.'

"이렇게 비구는 몸에서 몸을 … 관찰하면서 머문다."

[1.6. 아홉 가지 공동묘지의 대상물]
(1) "또한, 비구들이여, 비구는 공동묘지 위에 버려진 시체가 죽은 상태로 하루, 이틀, 또는 삼 일이 지나, 부풀어 오르고 시퍼렇게 곪아가는 것을 보는 것처럼, 그는 자신의 몸에 대해서도 견주어 본다."
  '바로, 내 몸 또한 본질적으로 같은 것이다. 내 몸도 그렇게 될 것이고 그것을 피하지 못할 것이다.'

"이렇게 비구는 몸에서 몸을 … 관찰하면서 머문다."

(2) "또한, 비구들이여, 비구는 묘지에 버려진 시체를 까마귀, 매, 독수리, 개, 호랑이, 표범, 자칼이나 갖가지 벌레들이 뜯어 먹는 것을 보는 것처럼, 그는 자신의 몸에 대해서도 견주어 본다."

　'바로, 내 몸 또한 본질적으로 같은 것이다. 내 몸도 그렇게 될 것이고 그것을 피하지 못할 것이다.'

"이렇게 비구는 몸에서 몸을 … 관찰하면서 머문다."

(3) "또한, 비구들이여, 비구는 묘지에 버려진 시체가 해골이 되어, 살과 피가 엉겨 있고, 힘줄로 함께 붙어 있는 … … ."

(4) "또한, 비구들이여, 비구는 묘지에 버려진 시체가 해골이 되어, 살은 없고 피만 있으며, 힘줄로 함께 붙어 있는 … … ."

(5) "또한, 비구들이여, 비구는 묘지에 버려진 시체가 해골이 되어, 살과 피도 없이, 힘줄만으로 붙어 있는 … … ."

(6) "또한, 비구들이여, 비구는 묘지에 버려진 시체의 해골이 뼈 사이의 연결이 끊어져, 사방으로 흩어진 것을 본다. 손뼈는 여기에, 발뼈, 정강이뼈, 장딴지뼈, 골반, 갈비뼈, 등뼈, 척추, 쇄골, 턱뼈, 치아, 두개골은 저기에 … … ."

(7) "또한, 비구들이여, 비구는 묘지에 버려진 시체의 해골이 소라 조개 빛같이 하얗게 된 것을 보고 … … ."

(8) "또한, 비구들이여, 비구는 묘지에 버려진 시체의 해골이 쌓여 뭉쳐 몇 년이 지난 것을 보고 … … ."

(9) "또한, 비구들이여, 비구는 묘지에 버려진 시체의 해골이 썩어 문드러지고 먼지가 된 것을 … … 보는 것처럼 이러한 인식을 자신의 몸에 대해서도 견주어 본다."

'바로, 내 몸 또한 본질적으로 같은 것이다. 내 몸도 그렇게 될 것이고 그리고 그것을 피하지 못할 것이다.'

"이와 같이 안으로 …, 밖으로 …, 안팎으로 몸에서 몸을 관찰하면서 머문다. 또한 몸에서 발생하는 요소들, 몸에서 소멸하는 요소들, 몸에서 발생했다가 소멸하는 요소들을 관찰하면서 머문다. '몸[身]이 있구나'라는 마음챙김이 현전한다. 알아채고 마음챙김하는 한, (갈애나 견해에) 의지하지 않고 머무르며, 세상의 그 어떤 것에도 집착하지 않는다. 이런 식으로, 비구들이여, 비구는 몸에서 몸을 관찰하며 머문다."

2. 느낌[受]

"비구들이여, 어떻게 비구는 느낌에서 느낌[受]을 관찰하면서 머무는가?"

"비구들이여, 비구는 '즐거운 느낌'(樂)을 느낄 때, '나는 즐거운 느낌을 느낀다'라고 분명히 안다.
'괴로운 느낌'(苦)을 느낄 때, '나는 괴로운 느낌을 느낀다'라고 분명히 안다.
'즐겁지도 않고 괴롭지도 않은 느낌'(不苦不樂)을 느낄 때, '나는 즐겁지도 않고 괴롭지도 않은 느낌을 느낀다'라고 분명히 안다."

"세속적인(sāmisa) 즐거운 느낌을 느낄 때, '나는 세속적인 즐거운 느낌을 느낀다'라고 분명히 안다.

세속을 여읜(nirāmisa) 즐거운 느낌을 느낄 때, '나는 세속을 여읜 즐거운 느낌을 느낀다'라고 분명히 안다.

세속적인 괴로운 느낌을 느낄 때, '나는 세속적인 괴로운 느낌을 느낀다'라고 분명히 안다.

세속을 여읜 괴로운 느낌을 느낄 때, '나는 세속을 여읜 괴로운 느낌을 느낀다'라고 분명히 안다.

세속적인 즐겁지도 않고 괴롭지도 않은 느낌을 느낄 때, '나는 세속적인 즐겁지도 않고 괴롭지도 않은 느낌을 느낀다'라고 분명히 안다.

세속을 여읜 즐겁지도 않고 괴롭지도 않은 느낌을 느낄 때, '나는 세속을 여읜 즐겁지도 않고 괴롭지도 않은 느낌을 느낀다'라고 분명히 안다."

"이와 같이 안으로 …, 밖으로 …, 안팎으로 느낌에서 느낌을 관찰하면서 머문다. 느낌에서 발생하는 요소들, 느낌에서 소멸하는 요소들, 느낌에서 발생했다가 소멸하는 요소들을 관찰하면서 머문다. '느낌[受]이 있구나'라는 마음챙김이 현전한다. 알아채고 마음챙기는 한, (갈애나 견해에) 의지하지 않고 머무르며, 세상의 그 어떤 것에도 집착하지 않는다. 이런 식으로, 비구들이여, 비구는 느낌에서 느낌을 관찰하며 머문다."

3. 마음[心]

"비구들이여, 어떻게 비구는 마음에서 마음[心]을 관찰하면서 머무는가?"

"비구들이여, 비구는,

탐욕이 있는 마음은, '탐욕이 있는 마음'이라고,
탐욕이 없는 마음은, '탐욕이 없는 마음'이라고,
증오가 있는 마음은, '증오가 있는 마음'이라고,
증오가 없는 마음은, '증오가 없는 마음'이라고,
어리석음이 있는 마음은, '어리석음이 있는 마음'이라고,
어리석음이 없는 마음은, '어리석음이 없는 마음'이라고,
위축된 마음은, '위축된 마음'이라고,
산만한 마음은, '산만한 마음'이라고,
숭고하게 계발된 마음은, '숭고하게 계발된 마음'이라고,
계발되지 못한 마음은, '계발되지 못한 마음'이라고,
한계가 있는 마음은, '한계가 있는 마음'이라고,
위없는 마음은, '위없는 마음'이라고,
삼매에 든 마음은, '삼매에 든 마음'이라고,
삼매에 들지 않은 마음은, '삼매에 들지 않은 마음'이라고,
해탈한 마음은, '해탈한 마음'이라고,
해탈하지 못한 마음은, '해탈하지 못한 마음'이라고 분명히 안다."

"이와 같이 안으로 …, 밖으로 …, 안팎으로 마음에서 마음을 관찰하면서 머문다. 마음에서 발생하는 요소들, 마음에서 소멸하는 요소들, 마음에서 발생했다가 소멸하는 요소들을 관찰하면서 머문다. '마음[心]이 있구나'라는 마음챙김이 현전한다. 알아채고 마음챙김하는 한, (갈애나 견해에) 의지하지 않고 머무르며, 세상의 그 어떤 것에도 집착하지 않는다. 이런 식으로, 비구들이여, 비구는 마음에서 마음을 관찰하며 머문다."

4. 법(法, 가르침)

"비구들이여, 어떻게 비구는 법에서 법(法, 가르침)을 관찰하면서 머무는가?"

[4.1 오개(五蓋, 다섯 가지 장애)]
"비구들이여, 비구는 '다섯 가지 장애'인 오개(五蓋)에서 법을 관찰하면서 머문다.
비구들이여, 어떻게 비구는 '다섯 가지 장애'인 오개(五蓋)에서 법을 관찰하면서 머무는가?"

(1) "비구들이여, 비구는 안으로 감각적 욕망[貪欲]이 있을 때, 비구는, '안으로 내게 감각적 욕망이 있다'라고 분명히 안다. 또는 감각적 욕망이 있지 않을 때, '안으로 내게는 감각적 욕망이 없다'라고 분명히 안다.
어떻게 일어나지 않던 감각적 욕망이 일어나는지 분명히 안다.
어떻게 일어난 감각적 욕망이 사라지는지 분명히 안다.
어떻게 버려진 감각적 욕망이 앞으로는 일어나지 않게 되는지 분명히 안다."
(2) "악의(/분노)[瞋恚]가 있을 때, 비구는 '악의(/분노)가 내게 있다'라고 분명히 안다.……."
(3) "해태와 혼침[睡眠]이 있을 때, 비구는 '해태와 혼침이 내게 있다'라고 분명히 안다. … … ."
(4) "들뜸과 후회[掉悔]가 있을 때, 비구는 '들뜸과 후회가 내게 있다'라고 분명히 안다. … … ."

(5) "의심[疑]이 내게 있을 때, 비구는 '의심이 내게 있다'라고 분명히 안다. 또는 의심이 있지 않을 때, '내게 의심이 없다'라고 분명히 안다.
어떻게 일어나지 않던 의심이 일어나는지 분명히 안다.
어떻게 일어난 의심이 사라지는지 분명히 안다.
어떻게 버려진 의심이 앞으로는 일어나지 않게 되는지 분명히 안다."

"이와 같이 안으로 …, 밖으로 …, 안팎으로 법에서 법을 관찰하면서 머문다. 법에서 발생하는 요소들, 법에서 소멸하는 요소들, 법에서 발생했다가 소멸하는 요소들을 관찰하면서 머문다. '법[法]이 있구나'라는 마음챙김이 현전한다. 알아채고 마음챙김하는 한, (갈애나 견해에) 의지하지 않고 머무르며, 세상의 그 어떤 것에도 집착하지 않는다. 이런 식으로, 비구들이여, 비구는 '다섯 가지 장애'인 오개(五蓋)에서 법을 관찰하며 머문다."

[4.2 오취온(五取蘊, 다섯 가지 집착-무더기)]
"또한, 비구들이여, 비구는 '다섯 가지 집착-무더기'인 오취온(五取蘊)에서 법을 관찰하면서 머문다."
"비구들이여, 어떻게 비구는 '다섯 가지 집착-무더기'인 오취온에서 법을 관찰하면서 머무는가?"

"비구들이여, 비구는,
(1) '이렇게 물질[色]이 있다. 이렇게 물질이 일어난다. 이렇게 물질이 사라진다.'
(2) '이렇게 느낌[受]이 있다. 이렇게 느낌이 일어난다. 이렇게 느낌이 사라진다.'

(3) '이렇게 인식[想]이 있다. 이렇게 인식이 일어난다. 이렇게 인식이 사라진다.'
(4) '이렇게 마음요소들[行]이 있다. 이렇게 마음요소들이 일어난다. 이렇게 마음요소들이 사라진다.'
(5) '이렇게 의식[識]이 있다. 이렇게 의식이 일어난다. 이렇게 의식이 사라진다'라고 이와 같이 안으로 …, 밖으로 …, 안팎으로 법에서 법을 관찰하면서 머문다. 법에서 발생하는 요소들, 법에서 소멸하는 요소들, 법에서 발생했다가 소멸하는 요소들을 관찰하면서 머문다. '법[法]이 있구나'라는 마음챙김이 현전한다. 알아채고 마음챙김하는 한, (갈애나 견해에) 의지하지 않고 머무르며, 세상의 그 어떤 것에도 집착하지 않는다. 이런 식으로, 비구들이여, 비구는 '다섯 가지 집착-무더기'인 오취온(五取蘊)에서 법을 관찰하며 머문다."

[4.3 육처 (六處, 여섯 감각장소)]
"또한, 비구들이여, 비구는 '여섯 가지 내부'(六根)의 그리고 '여섯 가지 외부'(六境)의 감각장소[處]에서 법을 관찰하면서 머문다."
"비구들이여, 어떻게 비구는 여섯 가지 내부의 그리고 여섯 가지 외부의 감각장소에서 법을 관찰하면서 머무는가?"

"비구들이여, 비구는,
(1) 눈[眼]을 분명히 안다. 형색[色]을 분명히 안다. 그리고 이 둘을 조건으로 일어나는 속박을 분명히 안다.
어떻게 일어나지 않던 속박이 일어나는지 분명히 안다.
어떻게 일어난 속박이 사라지는지 분명히 안다.
어떻게 버려진 속박이 앞으로는 일어나지 않게 되는지 분명히 안다.

(2) 귀[耳]… 소리[聲] … 속박을 …
(3) 코[鼻]… 냄새[香] … 속박을 …
(4) 혀[舌]… 맛[味] … 속박을 …
(5) 몸[身]… 감촉[觸] … 속박을 …
(6) 마음[意]과 마음의 대상(法·관념·생각·개념들), 그리고 이 둘을 조건으로 일어나는 속박을 분명히 안다.
어떻게 일어나지 않던 속박이 일어나는지 분명히 안다.
어떻게 일어난 속박이 사라지는지 분명히 안다.
어떻게 버려진 속박이 앞으로는 일어나지 않게 되는지 분명히 안다."

"이와 같이 안으로 …, 밖으로 …, 안팎으로 법에서 법을 관찰하면서 머문다. 법에서 발생하는 요소들, 법에서 소멸하는 요소들, 법에서 발생했다가 소멸하는 요소들을 관찰하면서 머문다. '법[法]이 있구나'라는 마음챙김이 현전한다. 알아채고 마음챙김하는 한, (갈애나 견해에) 의지하지 않고 머무르며, 세상의 그 어떤 것에도 집착하지 않는다. 이런 식으로, 비구들이여, 비구는 '여섯 가지 내부'(六根)의 그리고 '여섯 가지 외부'(六境)의 감각장소[處]에서 법을 관찰하며 머문다."

[4.4 칠각지(七覺支)]
"또한, 비구들이여, 비구는 '깨달음의 일곱 가지 요소'인 칠각지(七覺支)에서 법을 관찰하면서 머문다."
"비구들이여, 어떻게 비구는 '깨달음의 일곱 가지 요소'인 칠각지에서 법을 관찰하면서 머무는가?"

(1) "비구들이여, 비구는 '마음챙김[念]이라는 깨달음의 요소'인 염각지(念覺支)가 있을 때, '마음챙김이라는 깨달음의 요소인 염각지念覺支가 내게 있다'라고 분명히 안다. 또는 염각지念覺支가 없을 때, '염각지念覺支가 내게 있지 않다'고 분명히 안다. 그리고 어떻게 일어나지 않던 염각지가 일어나는지, 어떻게 일어난 염각지가 수행으로 완전하게 되는지 분명히 안다."

(2) "'법(法, 가르침)에 대한 탐구[擇]라는 깨달음의 요소'인 택법각지(擇法覺支)가 있을 때, '법에 대한 탐구라는 깨달음의 요소인 택법각지擇法覺支가 내게 있다'라고 분명히 안다. 택법각지擇法覺支가 없을 때, '택법각지擇法覺支가 내게 있지 않다'고 분명히 안다. 그리고 어떻게 일어나지 않던 택법각지가 일어나는지, 어떻게 일어난 택법각지가 수행으로 완전하게 되는지 분명히 안다."

(3) "'정진(正進) 이라는 깨달음의 요소'인 정진각지(正進覺支)가 있을 때, '정진이라는 깨달음의 요소인 정진각지正進覺支가 내게 있다'라고 분명히 안다. 정진각지正進覺支가 없을 때, '정진각지正進覺支가 내게 있지 않다'고 분명히 안다. 그리고 어떻게 일어나지 않던 정진각지가 일어나는지, 어떻게 일어난 정진각지가 수행으로 완전하게 되는지 분명히 안다."

(4) "'환희[喜]라는 깨달음의 요소'인 희각지(喜覺支)가 있을 때, '환희라는 깨달음의 요소인 희각지喜覺支가 내게 있다'라고 분명히 안다. 희각지喜覺支가 없을 때, '희각지喜覺支가 내게 있지 않다'고 분명히 안다. 그리고 어떻게 일어나지 않던 희각지가 일어나는지, 어떻게 일어난 희각지가 수행으로 완전하게 되는지 분명히 안다."

(5) " '(몸과 마음이) 평온한 경안(輕安)이라는 깨달음의 요소'인 경안각지(輕安覺支)가 있을 때, '(몸과 마음이) 평온한 경안이라는 깨달음의 요소인 경안각지輕安覺支가 내게 있다'라고 분명히 안다. 경안각지輕安覺支가 없을 때, '경안각지輕安覺支가 내게 있지 않다'고 분명히 안다. 그리고 어떻게 일어나지 않던 경안각지가 일어나는지, 어떻게 일어난 경안각지가 수행으로 완전하게 되는지 분명히 안다."

(6) " '삼매[定]라는 깨달음의 요소'인 정각지(定覺支)가 있을 때, 비구는 '삼매라는 깨달음의 요소인 정각지定覺支가 내게 있다'라고 분명히 안다. 정각지定覺支가 없을 때, '정각지定覺支가 내게 있지 않다'고 분명히 안다. 그리고 어떻게 일어나지 않던 정각지가 일어나는지, 어떻게 일어난 정각지가 수행으로 완전하게 되는지 분명히 안다."

(7) " '(흔들리지 않는 차분한) 평정[捨]이라는 깨달음의 요소'인 사각지(捨覺支)가 현재 있을 때, 비구는 '평정이라는 깨달음의 요소인 사각지捨覺支가 내게 있다'라고 분명히 안다. 사각지捨覺支가 없을 때, '사각지捨覺支가 내게 있지 않다'고 분명히 안다. 그리고 어떻게 일어나지 않던 사각지가 일어나는지, 어떻게 일어난 사각지가 수행으로 완전하게 되는지 분명히 안다."

"이와 같이 안으로 …, 밖으로 …, 안팎으로 법에서 법을 관찰하면서 머문다. 법에서 발생하는 요소들, 법에서 소멸하는 요소들, 법에서 발생했다가 소멸하는 요소들을 관찰하면서 머문다. '법[法]이 있구나'라는 마음챙김이 현전한다. 알아채고 마음챙김하는 한, (갈애나 견해에) 의지하지 않고 머무르며, 세상의 그 어떤 것에도 집착하지 않는다. 이런 식으로,

비구들이여, 비구는 '깨달음의 일곱 가지 요소'인 칠각지(七覺支)에서 법을 관찰하며 머문다."

[4.5 사성제(四聖諦)]
"또한, 비구들이여, 비구는 '네 가지 성스러운 진리'인 사성제(四聖諦)에서 법을 관찰하면서 머문다."
"비구들이여, 어떻게 비구는 사성제(四聖諦)에서 법을 관찰하면서 머무는가?"

"비구들이여, 비구는
'이것이 괴로움이다'라고 있는 그대로 분명히 안다. (苦)
'이것이 괴로움의 기원이다'라고 있는 그대로 분명히 안다. (集)
'이것이 괴로움의 소멸이다'라고 분명히 안다. (滅)
'이것이 괴로움의 소멸로 이끄는 길이다'라고 분명히 안다." (道)
… … …
… <중략> …
… … …

"이와 같이 안으로 …, 밖으로 …, 안팎으로 법에서 법을 관찰하면서 머문다. 법에서 발생하는 요소들, 법에서 소멸하는 요소들, 법에서 발생했다가 소멸하는 요소들을 관찰하면서 머문다. '법[法]이 있구나'라는 마음챙김이 현전한다. 알아채고 마음챙김하는 한, (갈애나 견해에) 의지하지 않고 머무르며, 세상의 그 어떤 것에도 집착하지 않는다. 이런 식으로, 비구들이여, '네 가지 성스러운 진리'인 사성제(四聖諦)에서 법을 관찰하며 머문다."

[결어]

"비구들이여, 누구나 (이제까지 언급한) 이들 '네 가지 마음챙김의 확립'인 사념처(四念處)를 이와 같이 7년 동안 수행한다면, 다음 두 개의 과(果) 중 하나를 기대해도 좋다. 지금 여기에서 가장 높은 지혜를 얻거나(아라한), 또는 (집착이) 아직 남아 있다면, '다시 돌아오지 않는 경지'(불환과)를 얻느니라."

"비구들이여, 7년도 그만두자. 만약 어떤 사람이 이들 사념처(四念處)를 이와 같이, 6년 동안 … 5년 동안 … 4년 … 3년 … 2년 … 1년 동안 수행한다면, 다음 두 개의 과(果) 중 하나를 기대해도 좋다. 지금 여기에서 가장 높은 지혜를 얻거나(아라한), 또는 (집착이) 아직 남아 있다면, '다시 돌아오지 않는 경지'(불환과)를 얻느니라."

"비구들이여 1년도 그만두자. 만약 어떤 사람이 이들 사념처(四念處)를 이와 같이, 7개월 동안 … 6개월 동안 … 5개월 … 4개월 … 3개월 … 2개월 … 1개월 … 보름 동안 수행한다면, … … …."

"비구들이여, 보름도 그만두자. 만약 어떤 사람이 이들 사념처(四念處)를 이와 같이, 7일 동안 수행한다면, 다음 두 개의 과(果) 중 하나를 기대해도 좋다. 지금 여기에서 가장 높은 지혜를 얻거나(아라한), 또는 (집착이) 아직 남아 있다면, '다시 돌아오지 않는 경지'(불환과)를 얻느니라."

"이러한 이유 때문에, (처음에) 이와 같이 말했던 것이니라."
『비구들이여, 이것은 존재들의 청정을 위한, 슬픔과 한탄을 극복하기 위한, 괴로움과 비통함을 소멸하기 위한, 올바른 길에 이르기 위한, 열반(涅槃, Nibbāna)을 깨닫기 위한 유일한 길이다. 즉 '네 가지 마음챙김의 확립'이니라.』

이렇게 세존께서 말씀하셨다. 기쁨에 찬 비구들은 세존의 말씀에 환희하였다.

###

저자 후기

법주사 팔상전

저자 후기

우리는 아기로 태어나 자라서 혈기 왕성한 청년기를 거쳐, 사회생활을 하는 성인이 되고, 늙어서 어느새 할머니 할아버지 소리를 듣게 됩니다. 이러한 삶 속에서 기쁜 일과 슬픈 일이 반복됩니다. 그리고 인생 문제에 도움이 되는 책이나 사람을 찾기도 하고, 어떤 사상이나 철학 또는 종교에 관심을 갖기도 합니다.

부처님께서는 '와서 보라'고 말씀하셨습니다. 그대가 직접 부처님의 가르침을 경험해보고 옳은지 그른지 확인한 후에 믿으라는 말입니다. 그렇게 하기 위해서 부처님의 제자인 스님들을 찾아가 보는 것도 한 방법이고, 스님들의 법문을 듣거나 불교 서적을 읽는 것도 한 방법입니다. 사찰에서 운영하는 템플스테이에 한번 가보는 것도 좋겠습니다. 그렇게 해서 부처님, 부처님의 가르침, 그 가르침을 따르는 스님들에 대한 확신이 생겼다면 불제자라고 할 수 있겠습니다. 불제자는 일반적으로 다섯 가지 규율을 지킵니다. 이를 오계(五戒)라고 합니다. '살생하지 말라, 거짓말하지 말라, 도둑질하지 말라, 부적절한 음행을 하지 말라, 술을 먹지 말라'입니다. 이러한 계율이 왜 중요한가는 부처님께서 마지막으로 남기신 말씀에 고스란히 남아 있습니다.

"아난다여, 법(法, 가르침)과 계율(戒律, 규율)이, 내가 가고 나면, 너희들의 스승이 될 것이니라."   -《대반열반경, DN 16》-

이렇듯 계율은 곧 스승입니다. 그리고 계율은 생활 속에서 불교를 실천하는 첫걸음이자 튼튼한 기반이 되어 줍니다. 계戒는 우리가 '선한 것'(善法)과 '선하지 않은 것'(不善法)을 잘 분별해서 행하도록 하는 바른 견해를 갖게 해줍니다(정견). 다섯 가지 규율인 오계가 지닌 뜻을 곰곰이 생각해 보면 이는 탐심을 내지 말며, 악의적인 행동을 하지 말며, 남을 해치지 말라는 뜻이 내포되어 있다는 것을 알 수 있습니다(정사유).

이렇게 오계를 잘 이해하고 숙지한 후에 생활 속에서 지켜나간다면, 이미 훌륭한 수행을 하고 있는 셈입니다. 여러분이 몸[身]으로 행동할 때, 입[口]으로 말할 때, 그리고 마음[意]으로 무언가를 의도할 때, 그것이 남을 해치는 것인지, 남의 물건을 훔치는 것인지, 부적절한 음행을 하는 것인지, 거짓말을 하는 것인지, 술과 같이 정신을 혼미하게 하는 것인지를 예의 주시하고 점검하고 검토하는 습관을 가지는 것입니다(정념). 그리고 더 나아가 몸[身]이나 말[口]이나 마음[意]으로 행동하기 이전, 그 중간, 하고 난 이후에도 검토하는 습관을 가지는 것입니다(정념). 항상 바르게 말하고(정어), 바르게 행동하고(정업), 바르게 마음을 쓰도록 노력합니다(정사유). 이렇게 오계를 잘 지키는 사람이 생계수단으로 생명을 해치는 직업을 택할 수는 없을 것입니다(정명). 생활 속에서 '선하지 않은 것'(不善)은 제거하면서도 새로 일어나지 않도록 노력하며, '선한 것'(善)은 증장시키고 아울러 새로 일어나도록 노력합니다(정정진). 그렇게 하려면 오계를 항상 잘 기억하고 염두에 두어야 합니다(정념). 이러한 마음챙김은 관찰력과 주의력을 강화시키기 때문에 결국 집중력(정정) 향상에도 도움이 됩니다.

일상생활 속에서 이러한 생활을 지켜나가고 있다면, 불교 용어를 제대로 알고 있지 못하더라도 그 사람은 '이미 자신도 모르는 사이에' 여덟 가지 성스러운 길(八正道팔정도)의 대부분을 실천하고 있는 셈입니다.

이러한 기반 위에서, 올바른 방법으로, '들숨과 날숨에 대한 관찰'이나 '삼매 수행'을 하게 된다면, 큰 장애 없이 좀 더 깊은 수행을 할 수 있을 것입니다. 대개 처음 삼매 수행을 할 경우에, 10분은 고사하고 1분조차도 '빈틈없이' 수행 주제에 집중하지 못할 것입니다. 우리의 몸은 제자리에 앉아 있지만, 생각은 때로는 이성이나 쾌락, 돈이나 권력에 대한 욕망으로 치달리기도 하고(감각적 욕망), 미워하는 사람에 대한 증오심과 해코지하려는 마음으로 가득 차기도 합니다(악의). 그렇게 수십 분 동안 수행 주제를 놓치고 헤매다가 잠시 다시 수행 주제로 돌아오는가 싶더니 곧 졸음에 빠져 허우적거립니다(해태와 혼침). 정진이 잘된다고 너무 들떠 있거나, 이런저런 여러 가지 일들과 생각들로 한시도 가만있지 못하고 들떠 있거나, 과거에 저지른 잘못이나 아쉬운 일들로 후회하는 마음이 엄습하기도 합니다(들뜸과 후회). 그리고 선한 것과 선하지 못한 것, 성스러운 것과 저급한 것 등을 분별해 알지 못하기 때문에, 문제를 제대로 해결하거나 결정하지 못하고 의심하며, 불·법·승 삼보에 대한 확고한 믿음을 지니지 못한 채 수행하게 됩니다(회의적 의심). 삼매 수행이 안 되는 이유는 지금까지 앞에서 언급한 '다섯 가지 장애'(오개五蓋)가 정화되지 않았기 때문입니다. 다섯 가지 장애가 정화되어야 선정(禪定) 수행에 진척이 있습니다.

만약 계행을 잘 지켰다면, 부적절한 음행을 하지 않겠다는 다짐으로 '감각적 욕망'을, 생명을 죽이지 않겠다는 다짐으로 '악의'를, 술과 같은 혼미하게 하는 것들을 먹지 않으면서 정진하는 힘으로 '해태와 혼침'을 어느 정도는 다스린 상태일 것입니다. 계행[戒]에 친숙한 생활과 더불어 부처님의 가르침[法]은 '의심'을 제거하는 밑바탕이 됩니다. 또한 계행 자체가 '들뜸'을 방지하고 미리 '후회'할 일을 저지르지 않게 하는 예방의 효과도 있는 것입니다. 그렇기 때문에 '계행'은 장애 없이, 수행할 수 있도록 도와주는 '스승의 역할'을 하는 것입니다. 그리고 계행이 뒷받침된 선정력은 쉽게 퇴보하지 않습니다.

이와 같이 이들 다섯 가지 장애가 버려진 것을 보게 될 때, 기쁨이 생깁니다. 기쁨에 찬 이에게는 희열[喜]이 생깁니다. 희열에 찬 사람의 몸은 고요해집니다[輕安]. 몸이 고요한 이는 행복[樂]을 느낍니다. 행복한 사람의 마음은 삼매[定]에 듭니다.

삼매를 닦으면서 집중하는 시간이 길어지고, 순일하게 되면, 각자 사용했던 삼매의 대상과 수행자의 성향에 따라 어떤 현상이나 심리적인 상태를 경험하게 됩니다.[1] 이러한 현상이나 마음의 상태들 역시 마음이 만든 것이며 무상(無常, 항상하지 못함)한 것일 뿐 궁극의 열반은 아니라는 것입니다. 부처님과 역대 스승들이 선정 수행에서 가장 경계한 것은 이러한 상태를 열반으로 착각해서 집착하지 말라는 것입니다. 이러한 좋은 선정 상태 역시 '마음에 의해 형성된 것들'인 '마음요소들'[行蘊]일 뿐이며, 항상하지 못한 무상(無常)한 것이고, 무상한 것이라서 괴로움[苦]

---

[1] 상좌부 불교의 논서인 《청정도론》에는 호흡을 대상으로 수행할 경우, 수행자가 경험하게 되는 현상에 대해 나와 있다. 대승경전인 《능엄경》에도 유사한 내용이 나온다. 삼매의 주제(대상)에 따라 경험하는 현상이 다르다.
…

見鼻中氣出入如煙. 身心內明圓洞世界. 遍成虛淨猶如瑠璃. 煙相漸銷. 鼻息成白心開漏盡. 諸出入息化爲光明. 照十方界得阿羅漢.
《大佛頂如來密因修證了義諸菩薩萬行首楞嚴經 卷5》 (大正藏 T.19, No. 0945)

이고, 그래서 내 것이라고 집착할 만한 것이 없음[無我]을, 공(空)한 것임을 통찰하는 것이 중요합니다.

선정 수행이 무르익으면, 이제 세상을 '있는 그대로'(yathābhūta, 如實) 보게 되는 '통찰(지혜)'의 힘이 더욱더 강해지게 됩니다. 마음이 집중되고, 청정하고, 밝고, 흠이 없고, 결점이 없고, 부드럽고, 유연하고, 안정되고, 흔들림이 없는 상태에 이르렀을 때, '모든 번뇌를 소멸시키는 앎'으로, 마음을 향하게 합니다. 그런 다음 수행자는 '이것이 괴로움이다'(苦), '이것이 괴로움의 기원이다'(集), '이것이 괴로움의 소멸이다'(滅), '이것이 괴로움의 소멸에 이르는 길이다'(道)라고 '있는 그대로' 알게 됩니다. 그리고 더 나아가 그는 '이것이 번뇌이다'(苦), '이것이 번뇌의 기원이다'(集), '이것이 번뇌의 소멸이다'(滅), '이것이 번뇌의 소멸에 이르는 길이다'(道)라고 '있는 그대로' 알게 됩니다.

이렇게 알고(know) 보았을(see) 때, '감각적 욕망의 번뇌'(욕루), '존재에 대한 번뇌'(유루), '무명에서 비롯된 번뇌'(무명루)로부터 벗어나게 됩니다. 벗어났을 때, '해탈했다'는 앎이 있습니다. 그는 다음과 같이 알게 됩니다. '태어남은 다했다. 성스러운 삶을 살았으며, 해야 할 일을 다해 마쳤다. 이 이후로 이러한 존재함(태어남)은 없도다.'

이제까지 수행의 과정을 짧게 예를 들어 설명해 보았습니다. 물론 불교 수행법에는 여러 가지 다른 방법들이 있습니다. 어떤 수행법을 우선하여 닦든, 서로 겹치는 부분이 존재하기 마련입니다. 그렇기 때문에 사실, 모든 불교 교리를 암기하듯이 외우는 것은 의미가 없습니다. 생활 속에서 진정으로 몸소 실천할 때에만, 왜 부처님께서 그렇게 많은 다양한 방법들을 설하셨는지 이해할 수 있을 것입니다.

만약 어떤 수행자가 불제자가 된 직후 처음부터 무턱대고, 선정(禪定)을 중요시하는 수행법을 닦으면서 수행에 진척이 없다면, 서두르지 말고, '다섯 가지 장애'인 오개(五蓋)에 대해, 꼼꼼히 면밀하게 검토한 후에, '계(戒)를 근거로 해서', 자신의 생활습관과 마음가짐부터 먼저 바로잡는 것이 더 바람직할 것입니다. 만약 출가 수행자가 술을 먹고 계를 파했으면서도 부끄러움 없이 선방에서 참선한다고 앉아 있다면, 이는 모래로 밥을 짓는 격입니다. 이는 계율에 대한 믿음이 부족하고, 죄책감이 없으며, 배우지 못하고, 선법(善法)과 불선법(不善法)에 대한 분별력이 없으며, 양심과 수치심이 없기 때문입니다. 이러한 '선하지 않은'(不善) 마음을 다스리는 것이 수행 이전에 먼저 갖춰야 할 기본적인 자세입니다.

마지막으로 강조하고 싶은 것은, 부처님께서 가르치신 수행법은 우리의 '일상생활'과 분리되어 있지 않다는 것입니다. 그렇기 때문에 방대한 교리를 모두 다 알지 못하더라도, 생활 속에서 실천 가능한 가르침부터 '꼼꼼히' 실천해 나간다면, 복잡하고 많아 보이는 부처님의 가르침이 단순화된 모습으로 더욱더 선명하게 다가올 것입니다.

그리고 이 방대한 부처님의 가르침 속에서 《반야심경》은 가장 중요한 핵심이 무엇인지를 잘 보여주고 있습니다. 바로 오온이 무상하고, 괴로움이고, 무아이고, 공(空)하다는 것을 이해하고, 철두철미하게 직접 보는 것입니다. 《반야심경》이 모든 분들의 든든한 친구이자 도반이 되기를 기원합니다. ■

참고 문헌

<반야심경 관련 한문 자료>

-고려대장경 목판본 [K0020_005_1035_a]《般若波羅蜜多心經》

-大正新脩大藏經第 8 冊 No. 251《般若波羅蜜多心經》

-大正新脩大藏經第 8 冊 No. 254《般若波羅蜜多心經》

-大正新脩大藏經第 33 冊 No. 1714《般若波羅蜜多心經註解》

-卍新纂大日本續藏經第 26 冊 No. 521《般若心經疏》

-大正新脩大藏經 T0200c《大般若波羅蜜多經》

<반야심경 영문 및 산스크리트 자료>

-Buddhist Wisdom Books: Containing the 'Diamond Sutra' and the 'Heart Sutra' (1958) by Edward Conze

<경전 및 사전>

-Access Insight (https://www.accesstoinsight.org/)

-Pali Canon E-Dictionary Version 1.95 (PCED) (PC용)

(웹버전) Pāli Dictionary (https://dictionary.sutta.org/)

-Pali Tipitaka (https://tipitaka.org/)

-Sutta Central (https://legacy.suttacentral.net/)

-《디가 니까야》1권~3권, 《쌍윳따 니까야》1권~6권 (각묵 스님)

-《맛지마 니까야》1권~4권, 《앙굿따라 니까야》1권~6권 (대림 스님)

-《The Long Discourses of the Buddha》 (디가 니까야) by Maurice Walshe

-《The Middle Discourses of the Buddha》 (맛지마 니까야) by Bhikkhu Ñāṇamoli and Bhikkhu Bodhi

<참고 문헌>

-《The Connected Discourses of the Buddha》(쌍윳따 니까야) by Bhikkhu Bodhi
-《The Numerical Discourses of the Buddha》(앙굿따라 니까야) by Bhikkhu Bodhi

-불교기록문화유산 아카이브 (https://kabc.dongguk.edu/)
-한국민족문화대백과사전 (https://encykorea.aks.ac.kr/)
-국립국어원 (https://www.korean.go.kr/)
-Sanskrit Dictionary (http://sanskritdictionary.com/)
-CBETA 2018 電子佛典集成 (http://www.cbeta.org/)
-Digital Dictionary of Buddhism(電子佛教辭典)
　(http://www.buddhism-dict.net/ddb/)

*사용한 이미지 저작권 표시

저작권	저자	주소
불교기록문화유산	-	https://kabc.dongguk.edu/viewer/view?dataId=ABC_IT_K0020_T_001&imgId=005_1035_a (반야심경 목판본)
문화재청	-	http://www.heritage.go.kr/ '불원복(不遠復)' 태극기, 태극기 목판, 김구(金九) 서명 태극기, 데니 태극기, 석가탑
CC BY-SA 4.0	JeffHoogland	https://commons.wikimedia.org/wiki/FilF:Bodhi_Leaf.png (보리수잎: 수정 후 사용)
CC-BY-SA-2.0	Sharon Mollerus	https://commons.wikimedia.org/wiki/File:Fall_Leaf_Scan_(15431709122).jpg (가을 잎: 수정 후 사용)

CC-BY-SA-3.0	GJo	https://commons.wikimedia.org/wiki/File:Coat_of_Arms_of_Niels_Bohr.svg　(닐스 보어 가문 문장)
CC-BY-SA-3.0	Guam	https://commons.wikimedia.org/wiki/File:Jastrow_illusion.jpg#filelinks　(자스트로 착시: 수정 후 사용)
Public Domain	William Ely Hill	https://commons.wikimedia.org/wiki/File:My_Wife_and_My_Mother-in-Law.jpg　(나의 아내와 장모님)

* 기타 표지 및 책에 있는 모든 사진과 도형에 대한 저작권은 저자에게 있으며, 인용 시 출처를 적어야 한다.

색인

1
12가지 장소, 105
12처, 105
18계, 105

6
6가지 감각기관, 105
6가지 대상, 105
6가지 의식, 105

ㄱ
가사, 14
계(戒), 201
계금취견, 149
고성제, 136
공, 40
　공성(空性), 74
공무변처(空無邊處), 215
공상(空相), 88
공성(空性), 41, 74
공양, 14

공하다, 40, 74
깊은 지혜, 58

ㄴ
네 가지 마음챙김의 기반, 200
네 가지 마음챙김의 확립, 200
네 가지 바른 결단, 200
네 가지 바른 정진, 200
네 가지 성스러운 진리, 135, 142
네 가지 중대한 요소, 64, 128
느낌[受], 34
닐스 보어, 176

ㄷ
다르마, 99
다섯 가지 무더기, 34
다섯 가지 장애, 211, 243
다섯 가지 집합체, 34
다시 돌아오지 않는 자, 149
단단, 200
담마, 99
대념처경(大念處經), 234

도성제, 136
독서삼매, 58, 208
독화살의 비유, 190

ㄸ

뗏목의 비유, 143

ㅁ

마라, 14
마른 지혜, 58
마음요소들[行], 35
마음챙김의 확립에 대한 경, 234
마음챙김이란?, 228
만다라, 156
만뜨라, 156
멸성제, 136
명색
    정신적[名]-물질적[色] 현상, 123
무명(無明), 122, 123
무색계선, 215
무소유처(無所有處), 215
무에념, 199
무욕념, 199
무위, 100
무위법, 100

무해념, 199
물질[色], 34

ㅂ

바라문, 14
바른 견해, 198
바른 마음챙김, 200, 225
바른 말, 199
바른 삼매, 201, 205
바른 생각, 199
바른 정진, 200
바른 직업, 199
바른 행동, 199
반야, 56, 59
발우, 14
범천, 14
법
    다르마, 99
    담마, 99
    법(法)이란?, 99
보살, 48
부처님이 하신 마지막 말씀, 233
불방일(不放逸), 233
불방일(不放逸)하라, 233
불사(不死), 101

불원복, 180
불확정성(不確定性)의 원리, 171
불환과, 149
비구, 14
비구니, 14
비상비비상처(非想非非想處), 215
비파사나, 231

ㅅ

사념주, 200
사념주 경, 234
사념처, 200
   1. 몸 [身], 235
   2. 느낌 [受], 240
   3. 마음 [心], 241
   4. 법(法, 가르침), 243
사념처 경, 234
사마타, 231
사문, 14
사선(四禪), 201, 214
사성제, 135, 142
사정근, 200
사정단, 200
   단단, 200
   수단, 200

수호단, 200
율의단, 200
산은 산이요, 물은 물이로다, 98
삼매, 212
   삼매의 9가지, 214
삼매의 대상, 209
삼법인, 40
   일체개고, 40
   제법무아, 40
   제행무상, 40
삼사라, 29
삼선(三禪), 201, 214
삼학, 201
   계(戒), 201
   정(定), 201
   혜(慧), 201
상수멸(想受滅), 215
색계선, 214
색-수-상-행-식, 34
선(禪)의 정의, 210
선정[定]과 지혜[慧], 231
성자(聖者)의 흐름에 든 자, 148
성자의 4단계, 148
세존, 14
수단, 200

수호단, 200
식(識, viññāṇa), 123
식무변처(識無邊處), 215
심사빠, 193
십결, 149
십이연기, 122
　　유전문, 123
　　환멸문, 123
십이처, 105
십장애, 149
십팔계, 105

ㅆ

쌍생성, 173
쌍소멸, 173
씨사빠, 193

ㅇ

아눅다라삼먁삼보리, 153
아라한, 149
아이와 노인의 비유, 28
양자 얽힘, 174
양자역학, 170
양자역학과 주역, 176

여덟 가지 성스러운 길(팔정도), 197
여래, 14
연기, 122
연기법, 121
연기법의 정형구, 121
열 가지 장애, 149
열반의 동의어들, 101
예류과, 148
오개, 211, 243
오온, 34, 61
　　오온 사이의 상호관계, 75
오취온, 62
위빳사나, 230, 231
유념(留念)하다, 227
유신견, 149
유위, 100
유위법, 100
유전(流轉), 29
유전문, 123
육경, 105
육근, 105
육바라밀, 48
육식, 105
윤전(輪轉), 29

윤회, 26, 29
　유전(流轉), 29
　윤전(輪轉), 29
율의단, 200
응당 공양받아 마땅한 분, 149
의도적 행위, 122
의식[識], 35
이선(二禪), 201, 214
이진 트리, 185
인식[想], 34
일래과, 149
일체개고, 40

ㅈ

장자, 14
전도, 150
정(定), 201
정견, 198
정념, 200
정명, 199
정사유, 199
　무에념, 199
　무욕념, 199
　무해념, 199
정신[名]과 물질[色], 122

정어, 199
정업, 199
정정, 201
　사선(四禪), 201
　삼선(三禪), 201
　이선(二禪), 201
　초선(初禪), 201
정정진, 200
제법무아, 40
제행무상, 40
조건지어지지 않은 법, 100
조건지어진 법, 100
조견(照見), 59
존재상태, 122, 123
중도, 139, 198
지혜, 140, 141, 142
지혜의 완성, 57
진언, 156
집성제, 136

ㅊ

천명(闡明), 14
초선(初禪), 201, 214
초선에 들기 위한 조건은?, 212
칠각지, 246

ㅌ

탁발, 14
태극기, 179
태어남과 죽음, 28

ㅍ

팔괘, 177
팔정도, 136, 139, 197, 198
    정견, 198
    정념, 200
    정명, 199
    정사유, 199
    정어, 199
    정업, 199
    정정, 201
    정정진, 200

ㅎ

한 번 다시 돌아오는 자, 149
해탈, 14
혜(慧), 201
호박돌과 기름의 비유, 24
환멸문, 123